범죄의 도시에서 가장 안전한 도시로 변화한 뉴욕

뉴욕 경찰의
구조와 정책

소외계층을 위한 전면 구조 개편
피해자 지원 정책 개발 등
시민과 함께 만든 뉴욕 치안

———

자치 경찰, 정보 경찰
범죄 억제, 피해자 지원 등
한국 경찰의 미래를 보는 창

옮긴이 | 윤후의

박영사

"우리는 모든 사람에게 배우고
우리는 배우는 동안 발전한다"

옮긴이　윤후의

소 속　경찰청 외사국 외사연구관

경 력　뉴욕총영사관 주재관, 서대문경찰서 서장, 경찰청·서울경찰청 질서과장, 종암경
　　　　찰서·강남경찰서 생활안전과장, 경찰청 성매매피해여성 긴급지원센터장, 인천계
　　　　양경찰서 형사과장 등

발 간　성매매피해여성 구조 및 업주검거사례집(경찰청), 성매매집결지 보고서(서울종
　　　　암경찰서), 지구대 사건유형별보고서 매뉴얼(서울종암경찰서), 주취난동 및 공
　　　　무집행방해사범 연구(석사논문), 인권보호백서(경남창녕경찰서), 아동여성 인권
　　　　보호백서(서울지방경찰청), 약자와 소통하는 치안이야기(서울서대문경찰서), 생
　　　　활 질서 이야기(경찰청)

기 고　성매매에 관한 몇 가지 오해(내일신문), 술 광고의 불편한 진실(국민일보) 등

뉴욕 경찰은 2018년 「경찰청장 보고서」를 발간하여 뉴욕 시민에게 공개했다. 이 책은 뉴욕 경찰이 지난 20여 년간 뉴욕시의 범죄율을 지속적으로 급격하게 낮춘 것과 이를 위해 뉴욕 경찰의 구조와 정책을 어떻게 바꿨는지를 설명하고 있다. 또한 뉴욕 경찰은 2018년 특별히 「뉴욕 경찰의 101가지 피해자 지원 정책」을 발간했다. 이 책은 뉴욕 경찰이 자체 또는 외부 단체와 공동으로 개발하여 시행하는 피해자 지원 정책들을 소개하고 있다. 이번에 출간하는 한국어 번역본은 뉴욕 경찰이 지난해 발간한 두 권을 합본한 것이다.

뉴욕 경찰이 이 책자를 발간할 때 독자층으로 뉴욕 경찰과 뉴욕 시민만을 염두에 두고 발간했기 때문에 한국 독자들이 이 책을 쉽게 이해하기 위해 뉴욕 경찰의 여건과 환경, 집행하는 정책 내에 흐르는 의도 등을 사전 지식으로 아는 것이 필요하다.

뉴욕 경찰은 크게 상반된 두 가지 모습을 갖고 있다. 뉴욕 경찰은 미국 내의 경찰조직 중에서 두 번째로 오래된 174년의 역사를 갖고 있으며, 그들이 쓰는 팔각 모자는 1600년대 초기 이민시대 맨해튼을 순찰하는 8명의 순찰대원들을 상징한다. 경찰청장 집무실 입구에는 금주령 시절 갱들과 싸울 때 사용한 톰슨 기관총 실물이 놓여 있고, 경찰청 본부건물의 1층 로비 벽면에는 그간의 모든 순직자 이름이 촘촘히 새겨져 있으며, 지금도 이 장소에서 엄숙한 예식을 거행하며 이름을 새겨가고 있다. 우리는 그들이 갖고 있는 오랜 전통과 거친 업무에 대해 자부심을 엿볼 수 있다.

다른 한편으로는 뉴욕 경찰이 최근 3~4년 사이 소수 민족과 소수 종교, 인종, 장애인, 성 소수자 등 취약계층에게 다가가기 위해 6개 국(Bureau)을 새롭게 만들었으며, '최고의 다양성을 갖춘 뉴욕시를 반영하여 경찰 조직 내 다양성을 갖출 때 경찰관들이 안정감과 자부심을 갖는다'는 믿음과 '안정감과 자부심을 느끼는 경찰관들이 뉴욕 시민과 안정되고 친숙하게 접촉할 때 뉴욕 시민이 안전감을 느낄 수 있다'는 믿음 속에 뉴욕 경찰은 계급별 노조와 조직 내 소수 민족과 소수 종교, 인종, 성 소수자 등의 35개의 모임을 지원하고 있다.

뉴욕 경찰이 '911 테러'를 겪었고 지금도 일 년에 수차례씩 공공장소에서의 대규모 폭발물 테러와 경찰관 총기 피습을 겪고 있기 때문에 그들의 성향이 거칠기만 할 것 같은 우리의 예상과 달리, 뉴욕 경찰은 민족 등 다양한 커뮤니티별 행사에 맞추어 순찰차의 외부를 행사에 어울리게 도색한 후, 해당 커뮤니티 소속 경찰관들이 해당 행사와 행진에 참여하며, 가정폭력 예방 강조기간에는 경찰청 본부의 건물 외벽 전체를 보라색 조명으로 비추는 등 피해자 또는 소외계층과 함께 호흡하려는 목적으로 다양한 정책을 개발하여 시행하고 있다.

이 책의 전반부는 뉴욕 경찰청을 구성하는 30개 국을 크게 3개 분야로 나누어 국별로 설명하고 있다. 즉, 경찰청장 직속의 13개 국과 지원업무를 수행하는 9개 국과 공권력을 집행하는 8개 국으로 나누어 설명하였다. 독자가 경찰관이라 할지라도 '범죄통제전략국', '경찰청 옹호국', '주택국'과 같이 국의 이름만 갖고는 그 기능을 이해하는 것이 쉽지 않을 수 있다. 따라서 독자의 이해를 돕기 위해 국별 챕터를 시작하며 한 줄짜리 설명으로 국을 소개를 했다. 또한 이 책의 앞부분의 '뉴욕시와 뉴욕 경찰의 개관'과 모든 각주는 역자가 쓴 글임을 밝힌다.

뉴욕 경찰의 특정 '정책'을 살펴보기를 원하는 독자들은 뉴욕 경찰청의 여러 국을 살펴봐야만 한다. 예컨대, '정신적으로 혼란을 겪는 사람이 개입된 911 신고사건을 대응하는 뉴욕 경찰의 정책'을 알아보기를 원하는 독자들은 최소한 5개 국이 수행하는 업무 내용을 살펴봐야 한다.

(이 분야에 관심이 없는 독자는 건너뛰어도 무방하다)

첫째, '정보화기술국'에서는 911 신고에 출동하는 경찰관이 업무용 스마트폰으로 신고자 또는 신고지역과 관련된 과거의 911 신고 내역을 검색할 수 있는 기능을 개발하여 운영한다.

둘째, '형사국' 소속의 '실시간 범죄대응센터'에서는 신고자 가족 등 주변 인물의 전과나 인근 지역의 수배자, 보호관찰대상자 등의 정보를 현장으로 출동하는 경찰관에게 실시간으로 제공한다.

셋째, '특수작전국'에서는 위기개입 전문과정을 수료하고 강인한 체력 훈련을 인수한 전문요원들이 동시에 현장에 출동한다.

넷째, '훈련국'에서는 정신건강 전문가와 협력하여 4주간의 상황 역할극 등을 범죄현장에서 근무하는 경찰관에게 교육한다.

다섯째, '협력업무국'에서는 정신건강 전문가가 911 신고 현장에 출동할 수 있도록 그들과 협력관계를 구축하고, 현장에 출동하는 정신건강 전문 의사가 동승하는 차량을 개발한다.

이 책의 후반부의 101가지의 피해자 지원정책은 '범죄 피해자의 트라우마 경감 정책' 등 크게 5개 분야로 구성되어 있으며, 뉴욕 경찰이 피해자 지원을 위해 세심하고 다양한 노력을 기울이고 있음을 확인할 수 있다. 뉴욕 경찰이 뉴욕시를 안전하게 지키기 위해 그동안 수많은 정책들을 시행해 왔지만 이처럼 단일 목적을 위한 정책들만을 모아 책으로 발간하여 시민들에게 공개한 경우는 역자가 아는 한 '101가지 피해자 지원정책'이 유일하다.

이 책이 뉴욕 경찰의 정책에 관심이 있는 한국의 경찰관과 범죄를 연구하는 학자, 피해자 지원 정책에 관심이 있는 사람, 뉴욕 경찰청을 방문하는 한국의 경찰청과 정부부처의 공무원에게 유용한 참고가 되기를 바란다. 아울러 뉴욕 경찰에 관한 문의와 관련 토의를 언제든지 환영하며 뉴욕 경찰을 소개하는 책들이 잇달아 많이 나오기를 기대한다.

역자는 1987년 경찰관으로 근무를 시작한 후 대부분의 시간을 경찰청 본부와 서울의 치안 일선에서 근무했다. 전반기 15년간은 범죄를 직접 억제하는 순찰과 형사 분야에서, 후반기 15년간은 피해자 지원 분야에서 주로 근무했다. 지난 3년간 뉴욕총영사관의 경찰 주재관으로서 현지 한인들을 보호, 구조, 지원하는 업무를 했다. 또한 한인들을 안전하게 보호하는 대책을 마련하기 위해 한국 경찰청 등 한국 정부를 대신해 뉴욕 경찰청 등 미국 정부와 교류 협력하는 업무를 했다.

뉴욕 경찰청이 발간한 두 권에 대해 한국어 출간을 역자에게 허락한 뉴욕 경찰청에 감사한다. 주재관 근무 시 우리 국민의 구조와 우리나라 행사에 아낌없는 지원을 해준 뉴욕 경찰청 정보국장 토마스 갈라티와 정보국 부서원들에게 감사를 표한다. 이번 책자를 번역하는 데 도움을 주고 즐거운 시간을 함께한 이정림 교수, 남선우 미국 연방 공무원, NYPD 마이클 키 경사, NYU 이슬기 박사과정 연구원에게 감사를 표한다. 뉴욕 주재관 근무에 도움을 준 뉴욕과 한국의 모든 분들께 감사를 표한다.

지지와 응원을 아낌없이 해주는 사랑하는 아내 정윤주에게 감사를 표한다.

2019년 6월
윤 후 의

/ 차 례 /

뉴욕시와 뉴욕 경찰 개관

뉴욕시

　뉴욕시는 지리적으로 미국의 50개 주 중 하나인 뉴욕주 내에 위치하고 있다. 뉴욕시는 인구와 관할면적의 규모 면에서 서울시와 유사하다. 즉, 뉴욕시의 인구는 850만 명이고 서울시의 인구는 976만 명이다. 뉴욕시의 관할면적은 784평방킬로미터이고, 서울시의 관할 면적은 606평방킬로미터이다.

　뉴욕시의 특징은 거주 및 방문 인구 면에서 그리고 경제 규모 면에서 미국 내 가장 큰 도시이며, 911 테러 등 대규모 테러를 겪은 바 있으며, 요즘도 일 년에 수건의 차량, 폭발물 등 테러가 발생한다. 유엔총회 등 복잡한 국제대회가 행해지고, 언어·종교·문화 등 고도의 다양성을 갖춘 미국 내에서 가장 복잡한 도시이다.

뉴욕시 정부

　지방자치정부[1]인 뉴욕시 정부는 미국 내 중간단계의 지방자치정부 중 가장 규모가 큰 지방자치정부이다. 미국 연방정부 아래에 위치한 지방자치정부는 일반적으로 3단계의 계단식 지방자치정부가 있다. 연방정부 아래에 위치한 50개 주는 '상위단계의 지방자치정부'이다. 모든 주 아래에는 '중간단계의 자치정부'인 카운티(County)가 있다(뉴욕주 내에는 62개의 카운티가 있다). '중간단계의 자치정부'인 카운티 아래에는 타운 또는 시티라고 부르는 '최하(또는 기초)단계의 자치정부'가 있다.

　뉴욕주의 경우, 인구 밀도가 높은 맨해튼 주변지역의 상황을 고려하여, 맨해튼 카운티를 포함한 주변의 5개 카운티를 묶어 '뉴욕시'라는 예외적인 '광역단계의 자치정부'를

1　우리나라의 지방자치단체와 달리 미국의 지방자치의 형태는 정부형태이다. 미국의 지방자치제도는 형법 등 입법권을 허용한다. 예컨대, '택시 운전사에게 폭행하는 행위는 최고 25년형에 처한다.'라는 조항은 '2014년 뉴욕시 55호 법, 543-19조'로 뉴욕시 의회가 제정한 법이다.

만들었다. 따라서 뉴욕시는 '상위단계의 지방자치정부'인 뉴욕주와 '중간단계의 지방자치정부'인 카운티의 사이에 위치하는 예외적인 형태의 지방자치단체이다. 뉴욕시를 구성하는 다섯 개의 카운티를 보로우(Bourgh)라는 공식 명칭으로 부른다. 이들 5개의 중간단계의 지방자치정부는 맨해튼 보로우, 브루클린 보로우, 퀸즈 보로우, 브롱스 보로우, 스테이튼 아일랜드 보로우이다. 이들 5개 보로우 내에서는 다른 지역의 '카운티'의 아래에서 운영되는 최하 단계의 지방자치단체인 '시티'나 '타운'은 운영되지 않고 있다.

뉴욕 경찰과 뉴욕시 정부와의 관계

뉴욕 경찰은 1845년 공식적으로 창립된 이후 현재까지 지방자치정부인 뉴욕시 정부 소속의 경찰조직이다. 뉴욕 경찰청장은 뉴욕 시장이 임명 또는 해임하며, 정해진 임기는 없다. 뉴욕시장은 경찰청장과 부청장들에 대해 임명 또는 해임할 수 있으나, 국장 이하 모든 경찰관에 대해서는 경찰청장이 순경부터 근무를 시작한 경찰관들 중에서 승진시켜 임용한다. 뉴욕 시장과 뉴욕 경찰청장은 상호 연락관을 비서실에 파견하여 상주시키며 상호 기관의 의견을 조율한다. 두 기관은 그 외에도 경찰청과 뉴욕시 정부 내의 다양한 부서에 연락관을 상호 파견하여 상주시키며 정책을 조율한다.

뉴욕 경찰은 지방자치정부인 뉴욕시 정부소속이므로, 뉴욕시 정부소속의 다양한 위원회와 뉴욕시 의회의 감독을 받는 등 뉴욕시 정부의 법적 또는 제도적인 영향력 아래 있다. 뉴욕 경찰은 매우 강력한 5개의 경찰관 계급별 노동조합(순경, 경사, 경위, 경감, 기타 고위직 노조)와 64개의 시민 근로자 노동조합을 갖고 있으며 이 노동조합들은 근무환경에 대한 외부의 부당한 정치적 압력을 감시하고 의견을 표출하며, 노동조합 소속 법무법인에 의해 법적으로 대응한다.

뉴욕 경찰과 연방정부와의 관계

2019년 현재 미국 연방 정부의 행정부 수반은 공화당 소속의 트럼프 대통령이다. 뉴욕시 정부의 시장은 민주당 소속의 드 블라지오이다. 따라서 미국의 트럼프 대통령은 뉴욕 경찰청의 5만 5천명의 경찰관 중 뉴욕 경찰청장은 물론이고 그 외의 다른 경찰관에게 신분상 변동이나 혜택과 불이익을 줄 수 없다. 즉, 민주당 소속의 뉴욕 시장이 자치정부의 최고 책임자로서 뉴욕 경찰청을 운영하기 때문에 연방정부의 대통령은 뉴욕 경찰에 정치적 영향력을 행사할 수 없다.

하지만 뉴욕 경찰이 연방정부의 정치적 영향력을 받지 않을 뿐 법적 또는 제도적 영향력은 받고 있다. 이는 미국 내 다른 주를 포함한 자치정부의 경우에도 동일하다. 즉, 주를 포함한 모든 지방자치정부는 비록 자치입법권을 포함한 광범위한 자치권을 갖고 있으나 연방헌법 등 연방법과 규제를 위반하여 입법이나 행정을 할 수 없다.

예컨대 주가 자치 입법권을 이용해 법규를 만들지라도 연방법과 규제에 위반된 경우 연방정부의 법무부와 연방 대법원 등 연방정부에 의해 다양한 규제를 받는다. 동일한 방식으로 뉴욕시와 뉴욕 경찰은 연방정부의 규제를 받는다. 예컨대 최근 뉴욕 경찰의 경찰관들의 총기사용으로 인해 주민들이 피해를 입는 사례가 발생하자 연방법원은 뉴욕 경찰의 경찰관은 제복 근무자의 경우 바디 카메라를 부착하고 근무하라고 명령하였고 뉴욕 경찰은 바디카메라를 부착하기 시작했다.

뉴욕 경찰과 다른 법집행기관과의 관계

뉴욕시의 경찰청은 뉴욕시 정부가 운영하는 단일 경찰조직이다. 이와 달리 미국 로스앤젤레스시 정부는 다양한 경찰을 운영한다. 즉, 로스앤젤레스시는 LAPD(LA City Police Department) 외에 학교경찰, 공원경찰, 해변경찰 등 다양한 경찰조직을 운영한다. 뉴욕시 관할 내에는 뉴욕 경찰뿐만 연방정부와 뉴욕주 소속의 다양한 법집행 기관이 활동하고 있다.

즉 FBI와 마샬국(The United States Marshals Service), 국토안보부, 국무부, 우편부(수사조직이 있고 제복근무 또는 사복근무를 하며 우편을 통한 밀수, 마약거래, 총기거래 등 우편 관련 위법행위를 단속한다.) 등 연방정부 소속 법집행기관들의 요원들이 활동하고 있다. 또한 뉴욕주 소속의 경찰조직(트루퍼라고 부른다. 소속 요원들은 경찰제복을 있고, 주 경찰관이라고 부른다.) 뉴욕주 소속의 환경부 소속 경찰조직(소속 요원들은 경찰관 제복을 입고, 무장을 하고 활동한다.)이 있다.

뉴욕주와 인근 뉴저지주가 공항·항만·다리·터미널의 소통과 안전을 위해 함께 운영하는 '포트 어쏘러티'(Port Authorities) 경찰조직 있다. 그 밖에 연방과 뉴욕주의 다양한 법집행기관이 뉴욕시내에서 독자적으로 혹은 뉴욕 경찰과 협력하며 업무를 수행한다.

뉴욕 경찰서의 구조

뉴욕 경찰청은 77개의 경찰서를 운영한다. 뉴욕 경찰청 소속 순찰국은 뉴욕시를 지리적으로 8개로 분할하고, 구역마다 순찰지역본부를 운영한다. 8개의 순찰지역본부는 1개의 지역본부마다 지리적으로 가까운 약 10개의 경찰서를 지휘, 감독한다.

경찰서는 2개의 부서인 '행정지원업무과'와 '순찰과'로 구성되어 있다. 경찰서장(총경 inspector) 1명, 부 서장(경감 Captain) 1명, 행정지원업무과장(경위 Lieutenant) 1명, 순찰과장(경위 Lieutenant) 3명 등 6명의 지휘부는 경찰서 내에서 근무한다. 순찰과장은 3명은 하루 3교대 근무를 한다. 1명의 순찰과장(Platoon Commander)에게 소속된 인력과 장비는 20명의 순찰 경찰관과 이들이 탑승하여 근무하는 10대의 순찰차이다.

특정 시점, 특히 야간에 경찰서 관할에서 공식적으로 근무하는 경찰관은 경찰서 내에서 근무하는 1명의 순찰과장과 지역 현장에서 근무하는 순찰 경찰관 20명이다. 이 순찰 경찰관 20명 중에는 2명의 팀장이 있다. 이들의 계급은 경사(Sergeant)다. 이 두 명의 팀장(경사) 중 한 명은 현장에서 순찰 경찰관과 함께 순찰차를 타고 근무하며 현장에서 순찰 경찰관들에게 필요한 감독과 지시를 한다. 다른 팀장(경사) 1명은 경찰서 1층 현관에 위치한 '경찰서 상황실'에서 근무한다.

이 팀장은 경찰서 상황실에서 상근 근무하는 경찰관 2~3명과 함께, 순찰 경찰관들이 현장에서 검거하는 피의자를 인계받거나 순찰 경찰관들이 작성한 각종 보고서를 인계받아 처리한다. 1개의 순찰과에 소속된 2명의 경사는 현장과 경찰서 상황실에서의 근무를 1~2주 또는 1일씩 상호 교대하며 근무한다. 뉴욕 경찰서 건물 내에는 다양한 기능을 수행하는 부서가 있다.

즉, 범죄통계 분석부서, 정보부서, 특수작전부서, 피해자 지원부서, 형사부서, 지역협력부서 등이 있는데 이러한 부서들은 모두 경찰청 본부의 개별국들의 직접 지시를 받아 근무하며, 비상 업무 등 경찰청 필요 시 언제든지 뉴욕시의 다른 지역으로 동원되어 근무한다.

01 도입

◇ 경찰청 조직도

경찰청장 (Police Commissioner)	• 경찰청장실(Office of the Police Commissioner) • 범죄 통제 전략국(Crime Control Strategies Bureau) • 정보국(Intelligence Bureau) • 대테러국(Counterterrorism Bureau) • 정보화기술국(Information Technology Bureau) • 협력업무국(Collaborative Policing Bureau) • 감찰국(Internal Affairs Bureau) • 법률지원국(Legal Metters Bureau) • 경영예산국(Management & Budget Bureau) • 행정국(Administration Bureau) • 전략계획국(Strategic Initiatives Bureau) • 공정과 화합국(Equity & Inclusion Bureau) • 공공정보국(Public Information Bureau) • 전략적 소통국(Strategic Communications Bureau)
수석 부청장 (First Deputy Commissioner)	• 수석 부청장실(Office of First Deputy Commissioner) • 인사국(Personnel Bureau) • 훈련국(Training Bureau) • 위험관리국(Risk Management Bureau) • 업무지원국(Support Services Bureau) • 경찰청 옹호국(Department Advocate Bureau) • 소송국(Trials Bureau) • 노동관계국(Labor Relations Bureau) • 형사사법국(Criminal Justice Bureau) • 강제 수사부(Force Investigation Division Bureau)
총괄국장 (Chief of Department)	• 총괄국장실(Office of the chief of Department) • 순찰국(Patrol Services Bureau) • 형사국(Detective Bureau) • 특수작전국(Special Operations Bureau) • 주택국(Housing Bureau) • 지하철국(Transit Bureau) • 교통국(Transportation Bureau) • 지역협력국(Community Affairs Bureau)

뉴욕시 경찰청은 30개의 주요국과 부서로 구성된다. 이들은 상호 빈틈없이 협력하며 업무를 수행하고, 수많은 외부 기관과도 동일한 방식으로 일한다. 이 방대한 조직은 3만 6천 명의 경찰관과 77개의 경찰서, 수십 개의 다른 작전 또는 수사조직뿐 아니라 시민 교통 안전요원들과 학교 안전 요원들도 감독하고 지휘하고 있는데 이들 모두는 뉴욕시를 안전하게 지키고 있다.

　　경찰활동은 방대하고 복잡한 구조이다. 경찰청이 매년 방대한 뉴욕시를 순찰하며, 4백만 건의 출동요청에 응답하고, 수천 건의 형사 사건을 수사하며, 장기간의 수사로 난폭한 갱들을 추적하며, 수백만 대의 차량 이동을 관리하며, 대규모 행사들을 감독하고 안전을 유지하며, 자연재해와 테러의 활동에 대응하며, 1백10만 명의 학생들과 그들의 교사들에게 안전을 제공하며, 뉴욕시를 살고, 일하고, 방문하는 데 월등히 안전한 장소로 만들기 위한 광범위한 혁신적인 계획들을 시행하고 있다.

　　'이웃순찰제도', 즉 2018년 1월까지 전체 77개 경찰서 중 56개 경찰서에 도입된 이 새로운 순찰 패러다임을 통해 경찰청은 지역에서 신뢰를 쌓고 지역 주민들과 함께 안전과 질서에 대한 책임을 공유하고 있다. 과거 활동과의 커다란 차이는 순찰 경찰관들이 구역을 나누어 그곳에 정착하고 이들 구역은 각 경찰서의 관할지역을 세분한 것이다. 경찰관들은 그곳의 지역주민과 그곳의 문제점들 그리고 그곳의 범죄자들을 잘 안다.

　　경찰관들은 그들의 근무시간 동안 지역 주민들과 함께 지역문제의 해결과 지역범죄를 소탕하는 일을 한다. 뉴욕 경찰청은 '이웃순찰제도'를 통해 방대한 경찰업무와 범죄 제압 업무를 재구성하였다. 경찰청의 많은 국과 부서들은 '지역순찰제도'를 지원하기 위해 일한다. 동시에 뉴욕 경찰청은 뉴욕의 도시 전역에서 지역사회와 연합체를 만들어 가고 있다.

　　다음 장은 NYPD의 내부 업무를 보여준다. 경찰청은 경찰청장실, 수석 부청장실, 경찰청 총괄국장실로 구분되며, 이 세 개의 상위 부서를 통해 경찰청 전체 조직을 감독한다. 이 책은 세 개의 상위 부서를 중심으로 구성되었으며 국과 부와 과와 팀은 이 세 부서 중 어느 한 부서에 의해 운영된다. 또한 이 책은 미국에서 가장 크고 효과적이며 잘 훈련된 그리고 가장 기술적으로 발전한 경찰청과 경찰청의 영향력에 대한 광범위한 통찰력을 제공한다.

C/H/A/P/T/E/R

02 경찰청장실

"시장과 경찰청장, 외부의 커뮤니티와 경찰청장의
의사소통을 담당하는 연락관팀과 경찰청의 정책을
조율하는 프로젝트팀을 운영한다."

조직도

◇ 경찰청장실 조직도

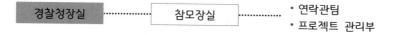

기준 세우기

　뉴욕시 경찰청장실은 경찰청의 내부운영과 경찰청과 외부 세계와의 상호작용에 관한 광범위한 업무를 감독한다. 경찰청 총괄국장이 대부분의 경찰작전에 관해 직접 명령을 내리며, 수석 부청장이 다수의 지원과 관리기능을 감독하는 반면 범죄통제전략실을 포함한 경찰청장 직속의 12개 국과 부서들은 경찰청장에게 직접 보고한다. 정보와 대테러국장, 감찰국장, 협력업무국장, 정보화기술국장, 운영예산국장, 법률지원국장, 전략적 계획국장, 행정국장, 공공정보국장, 공정과 화합국장 그리고 전략적 소통국장과 이들 개별 국들과 부서들은 다음 장에서 설명하겠다.

　경찰청장은 경찰의 리더이며 경찰의 운영자이다. 그는 경찰청을 공공에 대표해 책임을 질 뿐 아니라 5만 5천 명의 구성원들이 가장 높은 수준으로 업무를 계속 수행할 수 있도록 동기를 부여하고 영감을 불어넣는 역할을 한다.

　제임스 오닐 경찰청장은 "이웃 순찰제도를 통해 우리는 지난 50년 이상 지속되어온 NYPD 순찰체계에 가장 위대한 변화를 제공하였으며, 경찰청 역사상 뉴욕시의 지역사회에 최대 규모의 체계적인 현장 접촉을 제공하였다."라고 말하며 "나의 임무 중 하나는 새로운 방법의 업무 수행을 통해 경찰관들과 지역사회를 조율하는 것이다."라고 말했다.

　참모장(경찰청장실의 장)은 경찰청의 중요한 부청장이며 국장으로서, 그는 매년 경찰청장실에서 만드는 프로젝트와 계획들을 추진하고 운영하는 것을 돕는다. 참모장은 경찰청장의 연락관팀과 프로젝트 관리부를 직접 감독한다.

연락관팀

경찰청장실은 연락관팀을 관리한다. 이 연락관팀은 경찰청장과 시장실과의 사이에서 그리고 다른 도시의 기관들과 많은 외부의 기관들과 그룹들 사이에서 주된 연락망으로서 업무를 수행한다. 이 팀은 모든 이웃순찰업무와 관련된 새로운 행사들을 조율한다. 또한 경찰서의 관할 구역 내에서 지역사회가 순찰방법들의 변화를 알고 이해하도록 돕고 있다. 연락관팀의 구성원들은 지역사회와 다양한 기관들 사이에서 그들의 네트워킹 기술에 대한 개인의 능력을 고려하여 신중하게 선발되었다.

연락관팀은 성 소수자(LGBTQ)[2] 단체를 비롯하여 서부 인디언과 아시아 민족의 연락관들과 접촉을 유지하는데 이는 다양한 뉴욕시의 커뮤니티와 그룹들이 경찰청장과 관련 국들에 접근하는 것을 돕기 위함이다. 이 팀의 연락관들은 많은 기능을 수행한다. 그들은 다양한 그룹들의 시위와 모임, 행진에 대해 경찰청이 대응하는 데 중요한 역할을 한다. 연락관팀의 요원들은 자주 시위 조직 운영자들과 만나 그들의 관심사항을 듣고 그들에게 경찰청의 답변을 전달한다. 그리고 그들의 제안을 경찰청장에게 전달한다.

연락관팀은 뉴욕시내의 계획된 사건이든지 혹은 계획되지 않은 사건이든지 무관하게 모든 중요사건들에 반응한다. 그들은 경찰청장에게 해당사실을 보고하고 어려운 상황에서 귀중한 도움을 제공한다. 이는 요원들이 담당하는 커뮤니티와의 견고한 관계를 바탕으로 한다. 2016년 맨해튼 첼시 지역 폭파사고 현장에서 이 팀은 한 시의원으로부터 가정방문담당 건강 복지사가 범죄현장 부근에 사는 HIV환자에게 접근하려 한다는 사실을 통보받았다. 연락관팀은 신속히 이동하여 해당 복지사가 환자에 접근할 수 있도록 도왔다. 또한 아르헨티나 관광객 5명이 사망한 2017년 웨스트사이드 고속도로 차량 충돌사고에서 연락관팀은 목격자들과 인터뷰하였다. 또한 생존자 중 4명과 인터뷰하여 사망자의 신원을 확인하였으며 병원으로 옮겨져 행방을 몰랐던 일행 1명을 다시 합류하게 하고, 이후 아르헨티나 총영사관에 이 슬픈 사고의 상세한 내용을 알렸다.

프로젝트 관리부

프로젝트 관리부는 몇몇 서로 다른 NYPD의 지휘계통 간 조율과 소통이 요구되는 중요한 계획들을 돕는다. 또한 프로젝트 관리부는 복수의 국(Bureau) 사이에서 전략적 조

---

2   LGBTQ는 레즈비언(Lesbian), 게이(Gay), 양성애자(Bisexual), 트랜스젠더(Transgender)와 이들 즉, 성소수자를 포괄적으로 지칭하는 퀴어(Queer)의 약자이다.

율과 복잡한 계획을 위한 지원을 제공한다. 프로젝트 관리부는 중요한 프로젝트의 진행과정을 추적하고 프로젝트의 시작부터 종료 시까지 행정적으로 지도하도록 훈련받았다. 이 부서는 경찰청의 국들과 외부기관들이 프로젝트를 시작할 때부터 함께하도록 돕고 있으며 장애물을 제거하고 문제와 위험의 우선순위를 정하며 내외부의 관련자들 사이에서 소통하는 일을 한다.

한 예로 최근 프로젝트 관리부는 학교 앞 건널목 안내원들의 채용과 운영에 관한 만성적인 문제를 해결하는 데 도움을 주었다. 그것은 순찰국과 인사국과 부청장실인 노동관계국 및 훈련국과 건널목 안내원들을 대표하는 조합인 DC37과의 사이에서 조율을 통해 가능했다. 어려운 점은 2,400명의 건널목 안내원들이 매주 2일, 2시간 30분 동안 근무하는 보직의 출석을 추적하는 시스템을 개발하는 것과 신규로 200명의 학교 앞 건널목 안내원들이 31개의 다른 경찰서에서 파트 타임으로 일할 수 있도록 그들을 채용하는 일이었다. 프로젝트 관리부는 새로운 시민 보직으로서 2단계 수준의 학교 앞 건널목 안내업무인 전일제 일자리를 개발했다. 이로써 경찰관들에게 1단계 수준의 안내원들을 감독하는 부담을 덜어주었다. 또한 이를 계기로 1단계 수준의 안내원들에게 전일제 일자리로의 이동을 열망하도록 하는 이점도 얻게 되었다. 새로운 신청자들을 모집하기 위해 프로젝트 관리부는 취업 광고를 소셜 미디어와 '지역사회로의 현장 진출(아웃리치 outreach)'을 결합한 방법을 사용하였다. 그 결과 취업 박람회에서 전례 없는 1,410명의 응시자를 모집하였으며, 200개의 보직을 위해 그들 중 494명의 유능한 응시자를 확보하여 장래에 사용할 후보자 군을 만들 수 있었다.

C/H/A/P/T/E/R

03 범죄통제전략국

"뉴욕 경찰이 수행하는 '범죄와의 전쟁'을 총괄하고 순찰국 등 법집행 6개 국의 업무를 조율한다."

조직도

◇ 범죄통제전략국의 조직도

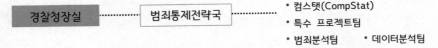

경찰청장실 ·········· 범죄통제전략국 ··········

- 컴스탯(CompStat)
- 특수 프로젝트팀
- 범죄분석팀   • 데이터분석팀

정밀 경찰 활동

뉴요커들 중 어느 정도 나이 든 사람들은 1990년대의 '나쁜 옛 시절'을 기억할 수 있다. 그 당시는 흉악 범죄가 최고조에 달했으며 자동차 침입 절도와 자동차 절도가 만연했다. 자동차 운전자들은 차가 부서지는 것을 방지하기 위해 "라디오 없음."이라고 적어 그들의 차 앞 유리에 부착했으며 보행자들은 양말 속에 돈을 감추고 강도가 두려워 불빛이 어두운 거리는 피해 다녀야 했다. 사람들은 모든 심야 지하철을 타는 것이 위험한 도박이라고 생각했다.

지난 25년간 뉴욕시의 범죄는 역사적으로 낮은 수준으로 떨어졌다. 1993년에 1,946명의 살인범이 있었으나 2016년에는 335명으로 줄어들었다. 1993년에는 5,200건의 총격사건이 있었으나(1주에 100여 건이 발생함을 의미한다) 2016년까지 그 숫자는 998건까지 떨어졌다(최초로 1,100건 이하로 떨어졌음을 의미한다). 2017년에는 훨씬 더 가파른 감소를 보였는데, 292명의 살인범과 789건의 총격사건이 있었다. 살인사건은 1951년 이후로 보지 못했던 수준에 이르렀으며 이는 맨해튼의 웨스트사이드에서 핼러윈 데이 행사에 참석한 사람들을 향해 돌진한 테러리스트의 트럭 공격으로 8명이 사망한 살인사건을 포함한 숫자이다. 강도사건은 1965년 이후로 총격사건은 역사상 가장 낮은 수준이다.

재산범죄 역시 기록적으로 낮은 수준이다. 침입절도와 자동차 절도도 1950년 이후 최저이며 침입절도는 1980년 최고의 수준에 이른 후 94.3%가 줄었다. 자동차 절도는

1990년 최고점을 찍은 후 96.1%가 줄었다. 지하철에서는 하루에 6.7건의 중범죄가 발생하는데 이는 1990년 이후 하루 47건에서 줄어든 수치이다. 전체 형사범죄사건수는 2017년 96,654건이었으며 이는 지난 57년간 10만 건이 줄어든 수치이다.

CompStat[3]

NYPD의 컴스탯 회의는 경찰청 총괄국장과 범죄통제전략국장에 의해 진행되는데 이는 NYPD가 범죄를 성공적으로 관리할 수 있었던 중요한 이유이다. 컴스탯은 1990년대 중반에 전체 범죄를 감소시키는 데 중요한 역할을 했으며 이후 뉴욕시가 범죄 감소경향을 지속하고 미국 내 가장 규모가 큰 도시 25개 중 가장 낮은 범죄율을 달성하는 데 혁혁한 공을 세웠다.

범죄통제전략국은 NYPD이 범죄와의 싸움에 역량을 강화하고 집중하도록 하는 임무를 수행한다. 범죄통제전략국을 소위 '나쁜 옛 시절'이 한창이던 1994년에 설립되었는데 이는 초기 컴스탯 설립의 이면의 힘이었다. 그 당시에 그랬던 것처럼 오늘날도 범죄통제전략국은 범죄를 감시하고 싸우기 위해 개발된 다양한 프로그램과 제도들의 수행을 감독한다. 특히 이들 중 중심적 역할을 하는 컴스탯을 통해 범죄에 대응한다. 범죄통제전략은 컴스탯, 범죄분석팀(the Crime Analysis Unit), 특수 프로젝트팀(the Special Projects Unit), 데이터 분석팀(the Data Analytics Unit)으로 구성된다. 이들은 함께 일하며 새롭게 등장하는 범죄유형을 파악하고 분석하고 새로운 범죄 제압 전략을 개발하는 데 협력한다. 이는 NYPD가 '정밀 경찰 활동'이라고 불러온 접근방법을 만드는 데 도움을 주었다.

더못 쉬아 범죄통제전략국장은 "'정밀 경찰 활동'은 우리가 하는 일을 설명하는 좋은 방법이며 경찰업무의 정확한 세부설명이다. 우리는 매주 컴스탯 회의에서 이와 같은 질문을 한다. 우리는 범죄가 증가하기 전에 해당 범죄의 패턴을 파악하는가? 우리는 신속하고 효과적으로 급증하는 범죄 문제와 패턴에 대응하는가? 우리는 증거를 철저히 모으는가? 우리는 갖고 있는 증거를 이용하는가? 우리의 기술 자원, 예컨대 CCTV, DNA, 탄도기술, '총격발생장소 확인프로그램', 차량번호판 인식기, 핸드폰 다운로드 기술, 소셜 미디어 모니터링 등을 이용하는가? 우리는 우리의 경찰서들과 특수업무팀들과 한 팀이 되어 폭력범, 총격사건, 재산범죄를 통제하기 위해 정보를 공유하고 기여하는가? 등 범죄통제전략국의 목표는 경찰청이 항상 깨어 있고 목표에 집중하며 장래에 발행할지 모르는 유사한 패턴의 범죄와 위험한 범죄를 예방하기 위해 절박한 심정으로 업무를 수행하도록 유

---

3   Compare Statics의 줄임말, '범죄통계비교'를 의미하고, 뉴욕 경찰은 컴스탯이라는 용어를 실무상 '범죄통제전략회의' 또는 '범죄통제전략 프로그램'의 의미로 사용한다.

지하는 데 있다."라고 말했다.

컴스탯 회의에서 범죄통제전략국장은 경찰청 총괄국장과 그 외에 수사와 전략적 통찰력을 제공하는 다른 지휘부 참모들과 함께 개별사건들과 현행 문제점들을 자세히 다룬다. 매주 컴스탯 회의[4]에는 각기 다른 순찰구역의 지휘부들이 심도 있는 분석과 전략회의를 위해 경찰청 본부에 모인다. 이러한 회의들은 총격과 폭력사건의 증가와 관련된 모든 것을 다룬다. 예컨대 강도와 재산범죄의 증가, 중요범죄 수배자 추적, 경찰청 보유 기술의 보다 효과적인 사용, 모든 종류의 공개된 사건의 수사 등이 그것이다. 컴스탯 회의에서는 최고 NYPD 작전 집행부와 경찰서의 지휘부, 수사팀의 지휘부, 각 경찰서에서 현재의 작전을 관리하고 있는 팀장들 간의 대화가 오간다. 전자지도와 데이터 시각화 기술의 지원 덕분에 컴스탯 회의는 현재 가장 큰 위험이 되고 있는 범죄들과 가장 중요한 문제들을 다루고 있는 NYPD 법집행 부서들이 상호 간 협력과 집중을 가능하게 하는 뉴욕 경찰청의 중심적인 포럼이다.

범죄분석이 최대한의 성과를 내다

2018년 초 범죄통제전략국은 경찰서 범죄 분석팀을 재구성하였다. 이 팀들에는 각 경찰서의 시민 범죄분석가가 추가되었다. 이들 분석가들은 범죄분석에 관한 학문적 교육을 받았으며 범죄통제전략국에서 실시한 집중적인 훈련 역시 이수하였다. 컴스탯을 운영하는 한 명의 경찰관은 한 명의 시민 범죄 분석가와 한 명의 경찰관 팀장(경사)과 함께 경찰서의 '컴스탯 운영팀'을 구성하며, 이 팀은 모든 경찰서의 '컴스탯 운영팀'과 함께 일한다. 이 팀들은 각 경찰서의 범죄 패턴과 중요한 이슈들에 대해 충분히 이해하는 데 도움을 제공한다. 또한 범죄분석과 데이터들을 경찰서 안팎으로 완벽히 공유를 하도록 돕는다.

범죄통제전략국의 데이터 분석팀은 NYPD 순찰국 소속 지휘부와 형사들이 방대한 범죄정보로부터 중요한 정보를 얻도록 돕는다. 또한 2016년 하워드 지역 해안에서 발생한 카리나 베드라노의 살인사건 같은 특별한 사건들을 지원하는 등 범죄 패턴을 보다 신속하고 정확하게 파악하도록 한다. 2017년에 이 팀은 광범위한 데이터분석을 통해 경미한 범죄 위반 후 법정에 출석하지 않은 수백만 건의 체포영장을 무효화하는 데 기초정보를 제공했다. 뉴욕 경찰청은 영장이 취소된 시민들이 보다 심각한 범죄로 나가지 않았다

---

4   뉴욕 경찰청 본부의 CompStat 회의는 매일 개최된다. 뉴욕시는 5개 자치구(보로우 Borough)로 구성(Mahattan Borough, Brooklyn Borough, Queens Borough, Bronx Borough, Staten Island Borough) 되어 있다. 매주 월요일부터 금요일까지 1개 보로우 소속 약 10개의 경찰서 서장 등 관련 지휘부가 경찰청에 모여 범죄통제전략국장 주관으로 Compstat 회의를 한다.

고 확신한다. 2018년에는 이 분석팀은 극히 중요한 경찰작용인 패턴 범죄의 확인과 수사를 도울 것이다. 이는 범죄 패턴의 파악을 위해 가장 좋은 실천이 무엇인지를 정의하고 이들 범죄패턴의 성공적인 수사를 보다 잘 이해하기 위한 노력의 일환이다.

2015년 이후 범죄통제전략국은 전적으로 새로운 방식으로 뉴욕시에서의 총기사용범죄에 대한 법집행을 감독하고 있다. 이 국은 뉴욕에서 발생하는 모든 총기소지 형사범죄를 추적하여 DNA를 포함한 모든 필요한 증거들이 언제든지 형사기소를 지원할 수 있도록 업무를 수행한다. 일반적으로 총기사건을 부르는데 총기사건에 관하여 범죄통제전략국은 뉴욕시의 5개 구역(보로우 Borough) 안에서 지역검사들과 정기적으로 회의를 갖는데 이는 검사들이 법정에서 소송을 진행하는 데 필요한 모든 것을 확보하기 위함이다. 총기사건에 대한 새로운 방식의 대응 후 2년 안에 결과물들은 매우 고무적이었고 불법 총기소지로 선고받은 평균 형량은 증가해왔다. 이는 뉴욕시의 거리에서 불법적으로 총기를 휴대하는 것에 대한 강력한 억제책이 되고 있다.

<그림 3-1> 컴스탯 회의 참석자 배치도

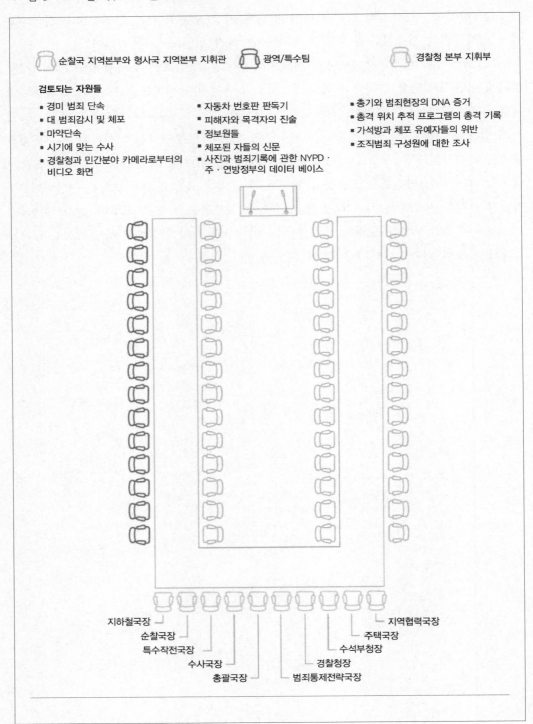

04 정보국

"범죄정보와 테러정보를 수집, 분석하고, 행사와
주요시설의 안전과 요인 경호를 담당한다."

조직도

◇ 정보국의 조직도

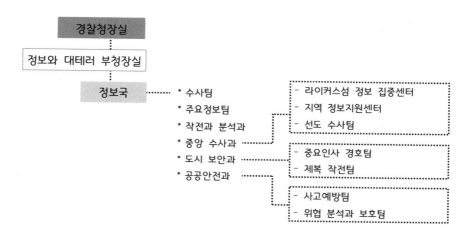

정보

좋은 정보 얻기

정보는 NYPD의 법집행 노력을 올바른 곳으로 인도한다. 정보국 경찰관들은 범죄를 예방·대응하고 범인을 체포하기 위해 도시에서의 범죄가 누구에 의해, 무엇을 위해, 언제, 어디서, 왜 그리고 어떻게 발생했는지 알아야 한다. 정보는 모든 종류의 소스(source), 즉 피해자를 포함하여 다른 법집행 개인 또는 기관, 범죄자, 믿을 만한 정보 제공자들로부터 나온다. 경찰청은 이 정보가 정확한지 파악하는 일을 하며 법집행 요원들은 이 정보를 바탕으로 도시 범죄의 대부분을 행하는 적은 인원수의 뉴요커들에게 직접 접근할 수 있다.

정보국은 정보국과 대테러 국을 총괄하는 부청장에 의해 감독되며 이 정보국은 911 테러 이후 부에서 국으로 승격되었다. 정보국은 전통적인 범죄와 테러범죄에 관한 우수한 정보를 생산하는데 이는 경찰청의 법집행 노력과 도시 전체의 안전 유지를 지원한다.

NYPD 경찰재단의 도움으로 정보국은 런던을 포함하여 파리, 텔아비브, 아부다비 등 해외의 15개 도시에 경찰관들을 배치하였다. 이곳에서 NYPD 경찰관들은 현지 법집행기관과 긴밀하게 협력하며 일하고 세부적인 정보를 모으고 뉴욕시의 대테러전략을 수립하는 데 도움을 주고 있다.

정보국은 또한 정보분석가들을 고용하는데 이들은 시민들이며 일반범죄와 대테러범죄의 수사를 지원하는 제복 경찰관들과 함께 일한다. 그들은 법집행 관련 다양한 분야와 요소로부터 정보를 분석하며 그 분석결과를 바탕으로 테러와 범죄행위를 찾아내고 저지하는 데 도움을 주고 있다. 정보국의 분석가들은 다양한 학문분야에서 고학력의 학위를 갖고 있고 법, 보안, 정보 그 밖의 다양한 분야의 경험을 갖고 있다. 정보국의 분석가들은 2002년 최초의 정보분석가가 업무를 시작한 이후 성장해 왔으며 현재는 NYPD의 '대테러 무기고'이자 중요한 구성요소로서 기여하고 있다.

현장정보

정보국은 경험을 갖춘 현장 정보요원을 선발하고 정보제공자들과 단속사례로부터 정보를 모은다. 2001년 설립된 '현장 정보 경찰관(Field Intelligence Officer, FIO) 프로그램5' 은 모든 경찰서에 잘 훈련된 현장 정보 경찰관들을 배치하여 지역에 특화된 범죄경향과 중범죄자에 관한 상세 정보를 수집하는 제도이다. 현장 정보 경찰관들은 정보국의 형사 정보부, 경찰서, 지하철국의 구역별 부서, 주택국의 구역별 부서, 전략 대응 그룹(Strategic Response Group, SRG), 중대 절도부(Grand Larceny Division)에 배치된다. 또한 순찰국 산하 8개 지역별 본부에 모두 현장 정보 경찰관6이 있다.

존 밀러 '정보와 대테러' 부청장은 "현장 정보 경찰관의 역할은 범죄정보를 모으고 추적하고 전파하는 것뿐만 아니라 경찰서 지휘부가 형사범죄의 경향을 파악하고 범죄대

---

5   뉴욕 경찰청 산하의 모든 경찰서(77개)에는 경찰서 당 2명의 현장 정보 경찰관(FIO)이 근무하고 있다. 하지만 이들은 뉴욕 경찰청의 정보국 소속이다. 따라서 경찰서에는 과 또는 계 단위의 정보부서가 없다. 이들의 주된 임무는 경찰서에서 검거되는 범죄 피의자의 조사과정에 참석하여 범죄정보를 입수하는 것이다. 범죄 관련 정보는 경찰서장 또는 경찰청 정보국에 보고한다. 또한 경찰청 정보국의 경비·경호·국제회의 등 각종 행사에 동원되어 근무한다. 참고로 뉴욕 경찰청은 경비·경호·외사 업무를 수행하는 국을 별도로 두지 않고 있으며, 정보국이 이들 업무의 대부분을 수행한다.

6   범인 검거 업무를 수행하는 모든 부서에 현장 정보 경찰관이 파견되어 있으며 이들은 모두 정보국 소속이다.

응전략을 수립하는 것을 지원한다. 한 명의 현장 정보 경찰관의 임무와 책임은 유동적이며 항상 변하는데 이는 도시 전체에 걸친 실시간 범죄경향을 반영하기 때문이다."라고 말했다.

　　현장 정보 경찰관은 정보를 개발하고 취득하고 해석하며 전파한다. 경찰서 지휘부는 현장 정보 경찰관으로부터 그들이 담당하는 지역 특유의 범죄여건과 불법행위자들에 관한 최신정보를 얻는다. 현장 정보 경찰관들은 정보의 부족한 부분을 파악하여 보충하며 지속적으로 정보를 취득하고 체포된 범죄자들로부터 필요한 정보를 알아낸다. 또한 새로운 정보제공자를 발굴하고 지역사회와 접촉하며 반복적인 법위반자들을 모니터하는 '상습 범죄자 추적 및 보고 데이터베이스' 프로그램을 운영한다. 이들 정보관들은 모든 지역의 지휘관의 대범죄 작전의 믿을 만하고 반드시 필요한 존재이다.

　　현장 정보 경찰관들은 종종 그들이 모은 정보를 다른 팀들과 공유한다. 만일 한 현장 정보 경찰관이 믿을 만한 정보제공자에게 접근할 수 있고 정보제공자는 불법 총기에 관한 좋은 정보를 현장 정보 경찰관에게 지속적으로 제공할 수 있다면 해당 현장 정보 경찰관은 그 정보를 수사국의 총기위반 단속부서에 지속적으로 공급한다. 만일 그들이 절도나 총격 또는 7대 중대 범죄의 하나에 관한 정보를 얻는다면 현장 정보 경찰관들은 경찰서의 형사팀과 함께 일할 것이다. 현장 정보 경찰관은 필수적으로 개별 범죄를 수사하는 팀들과 함께 수사를 진행한다.

　　정보국장 토마스 갈라티는 "현장정보는 순찰팀이나 다른 특별한 팀들을 지원하기 위한 시기적절하고 활용 가능한 정보들의 개발을 위해 중요하며 가장 우수한 정보수집과 분석기법의 사용은 뉴욕시에서 범죄감소에 매우 소중한 역할을 해왔다. 현장 정보 경찰관 프로그램은 지역 구성원과 '이웃 조정 경찰관(Neighborhood Coordination Officer, NCO)과 함께 일하며 경찰청을 지원하는 일을 계속할 것이다."라고 말했다.

　　체포된 범인으로부터 청취하는 것은 현장 정보 경찰관들의 최우선의 업무 중 하나이며 현장 정보 경찰관들의 우수한 정보 출처 중 하나이다. 지난 3년간 현장 정보 경찰관들은 그들의 디브리핑(진술 청취) 기술을 사용하여 불법총기에 관해 성공을 거두었다. 2015년 그들은 998정의 총기를 압수하였으며 2016년에는 1,222정의 총기를 회수, 2017년에는 1,200정 이상의 총기를 압수하였다. 이는 2011년 경찰청 전체 경찰관들이 시행한 685,000건의 불심검문으로 압수한 전체 총기 건수를 매년 초과하였다. 이는 정확한 전술들이 무작위 불심검문보다는 더 좋은 결과를 가져온다는 사실을 증명한다.

05 대테러국

"테러 정보 분석과 무장 순찰 등 업무를 수행하며,
미국 내외의 다양한 대테러 기관과 협력한다."

조직도

◇ 대테러국의 조직도

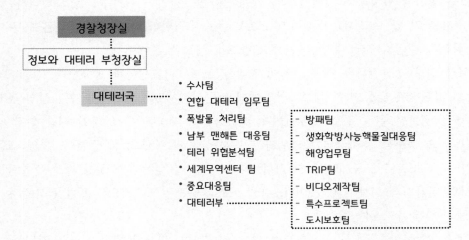

대테러국

세계적인 능력

2016년 9월 17일, 2017년 10월 31일, 2017년 12월 11일에 시민들은 뉴욕에서 발생한 테러 사건으로 불안에 떨었다. 2016년 국내 테러리스트에 의해 설치된 사제 폭발물이 맨해튼 첼시 지역에서 폭발하였다. 몇 구역 떨어진 곳에서 폭발하지 않은 또 다른 장치가 발견되었다. 사망자는 발생하지 않으나 31명이 부상당했다. NYPD는 연방과 주 그리고 지역의 파트너들의 도움으로 합동 작전을 수행해 첼시 지역의 안전을 확보하였으며 40시간 안에 용의자를 체포하였다.

2017년 10월 테러리스트 한 명이 빌린 트럭을 운전해 맨해튼의 웨스트사이드 거리와 웨스트 스트리트가 만나는 교차로의 자전거 도로를 돌진하여 8명이 사망하고 8명이 부상당하였으며 스쿨버스와 충돌로 4명이 추가로 부상당하였다. 부상당한 이 테러리스트는 출동한 NYPD 경찰관에 의해 현장에서 검거되었다. 그는 현재 뉴욕 남부지역 연방법원에서 수 건의 범죄협의로 재판받고 있다.

2017년 휴일에 자생적 테러리스트가 사제 폭발물을 '포트 어소러티' 버스 터미널 근처의 붐비는 통근 지하터널 내에서 터트렸다. 통근자들이 붐비는 이른 아침 출근시간대에 공격을 시도했음에도 공격자만이 유일하게 심각한 부상을 입었다. 그는 검거되어 뉴욕 남부지역 연방법원에서 수 건의 범죄혐의로 재판 중이다.

이러한 공격들은 대부분의 뉴요커들에게 2001년 9월 11일 세계무역센터에 대한 테러공격을 떠올리게 했다. 그것은 NYPD가 대테러국을 포함하여 최고의 자치정부 수준의 대테러 능력을 만들게 된 이유이다. 대테러국은 2002년 1월에 만들어졌으며 부청장인 대테러국장에 의해 감독받는다. 대테러국은 지속적으로 도시 내에 있는 테러가능성이 있는 표적들을 살펴보며 혁신적이고 발전된 정책과 절차를 개발하여 잠재적 공격에 대응하여 도시를 보호한다. 대테러국은 연방 · 주 · 그 밖의 법집행기관들과 협력하여 정보를 개발하고 공유하며 FBI의 합동테러대책팀에 인력을 지원하고 운영하는 데 필수적인 역할을 수행한다.

대테러국은 경찰재단의 지원을 받아 순찰과 특수부서 약 1만 명의 제복 경찰관들에게 '선진화된 법집행 신속대응 훈련'과 '액티브 사격자 훈련' 과정을 실시한다. 또한 폭발물 탐지견을 확보하여 현장에 배치한다. 이 탐지견들은 용의자가 폭발물을 신체에 착용하거나 휴대하고 지역을 떠나더라도 공기 중에 남겨진 흔적들을 추적할 수 있으며 심지어 사람들이 붐비는 거리나 지하철역에서도 용의자를 추적할 수 있다. 대테러국은 세계 최초로 개발한, 생화학 방사능과 일산화탄소를 필터링할 수 있는 방독면을 모든 제복 근무자에게 나눠주었다. 또한 대테러국은 '전국 테러 방지 연락망'(National Shield Network) 부서를 설립하였는데 이는 미국 전역에 걸친 법집행기관들에 NYPD 대테러 모델을 전파하는 데 그 목적이 있다.

중대한 대응

2015년 10월 대테러국은 중대 대응부(Critical Response Command, CRC), 즉 경찰청의 기존의 강력한 대테러능력을 더욱 강화하는 도시 전역의 대테러 대응팀을 설립하였다. 이 팀은 500명 이상의 전담 대테러 요원으로 구성되어 있다. 그들은 항상 출동 준비가 되어 있으며 광범위한 대테러 기술을 습득하고 관련 훈련을 받았다. CRC 요원들은 엄선되었으며 대테러 전술 훈련을 받았다. 그들이 습득한 전술들은 액티브 사격자 교범, 특수무기들, 라이플, 폭발물 추적 감지, 방사능과 핵 감지, 생화학 위협 등을 포함한다. 또한 잠재적인 공격자들의 얼굴과 신체언어를 읽어 임박한 공격을 감지하는 기술을 포함한다. 그들은 도시 전역에서 잘 알려진 유명한 건축물과 그 밖의 명소들과 행사장에서 가시적인 근무를 함으로써 잠재적인 테러 위협 목표물에 대한 실질적인 방지역할을 할 뿐 아니라 도시의 어디서든 실제 공격이 발생했을 경우 즉시적인 대응 전력이 된다.

대테러국장 제임스 월터는 "2015년 창설 이후, CRC팀은 테러에 대응하는 방어의 최일선에서 근무해왔으며 테러와 실제 저격범과 관련된 사건으로부터 뉴욕을 보호하는 대테러국 임무에 결정적인 역할을 하고 있다."라고 말했다. 그는 "2017년에 세계는 ISIS나 알카에다와 같은 외국인 테러 조직에 의해 고무된 공격의 지속적인 행보를 보아왔다. 그들은 사제 폭발장치와 자동차 충돌과 같은 극히 위험한 다양한 전술을 사용하고 있다. CRC는 어떠한 잠재적인 모방범죄의 공격에도 대응하기 위해 뉴욕의 테러 발생 가능성이 높은 장소에 요원들을 신속히 배치했다. 또한 CRC팀들은 도시의 중요 장소와 모든 특별 행사들에 지속적으로 대테러 배치를 하고 있으며, 이는 테러 계획과 적대적인 감시 작전을 방지하고 무산시키기 위한 노력의 일환이며 테러 공격과 실제 총격 상황과 그 밖의 유사한 위협에 대한 신속한 대응을 강화하기 위함이다."라고 말했다.

두려움과 주저함의 거부

테러에 대응하는 경찰청의 방어전선을 구성하는 많은 팀들에 부가하여 대테러국은 문자 그대로 폭발상황에 뛰어드는 요원들에 대해 자부심을 갖고 있다. 대테러국의 폭발물팀은 2010년 타임스퀘어 광장의 한 자동차 안에서 발견된 사제 폭발물 장치를 해체한 바 있으며 2016년 첼시지역 폭발사건 직후 발견된 2번째 장치를 용맹스럽게 처리했다. 이 팀에는 30명 이상의 폭파전문가들이 있으며 15두 이상의 폭발물 탐지견이 있다. 그 밖에 Andros 6A, 6B와 올버린 로봇이 있다. 또한 위험한 폭발물을 운송하는 용기들을 갖고 있다.

위협이 진화함에 따라

테러범들의 방법이 변화하며 진화함에 따라 대테러국의 방어전술도 따라서 진화해가고 있다. 2017년에는 런던, 파리, 니스, 샤롯데빌, 뉴욕 등 세계 여러 장소에서 10여 건의 자동차 추돌 공격이 발생하였다. 폭발물과 무기들을 구할 수 없는 테러범들은 훈련과 경험이 필요 없는 자동차 공격을 감행할 수 있다. 대테러국은 시장실과 협력하여 뉴욕시의 교통국, '디자인과 건축국'과 함께 자동차 추돌공격에 취약한 지역들을 안전하게 하기 위해 보호기둥과 바리케이트를 설치하였으며, 이러한 장소의 선정은 대테러국의 '위협 감소 인프라 보호부'에서 맡았다. 대테러국은 전 세계의 위협 현황을 지속적으로 파악할 것이며 기술을 선진화하여 현존하는 어떤 위험에 대해서도 충분히 검토하고 충분히 대응할 것이다.

06 정보화기술국

"경찰청의 통신과
IT(정보기술) 업무를 담당한다."

조직도

◇ 정보화기술국의 조직도

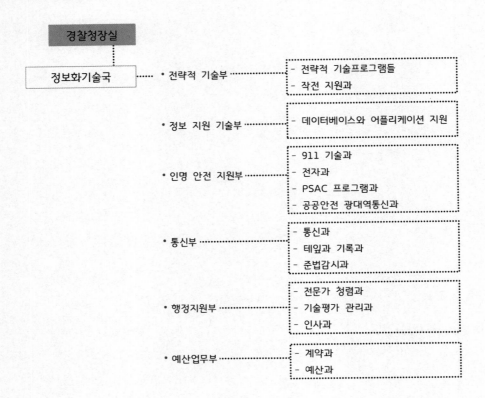

경찰청장실

정보화기술국

- 전략적 기술부
  - 전략적 기술프로그램들
  - 작전 지원과

- 정보 지원 기술부
  - 데이터베이스와 어플리케이션 지원

- 인명 안전 지원부
  - 911 기술과
  - 전자과
  - PSAC 프로그램과
  - 공공안전 광대역통신과

- 통신부
  - 통신과
  - 테잎과 기록과
  - 준법감시과

- 행정지원부
  - 전문가 청렴과
  - 기술평가 관리과
  - 인사과

- 예산업무부
  - 계약과
  - 예산과

진화하는 환경

　뉴욕시의 시민들을 보호하는 계속적인 노력으로 뉴욕 경찰청은 최신기술을 경찰 작전에 지속적으로 도입하고 있다. 진화하는 정보기술의 적용과 통합은 경찰청으로 하여금 변화하는 범죄 현황을 파악하게 하고 범죄에 한발 앞서게 한다. 경찰청에 적용된 모든 기술을 조직하고 유지하며 강화하는 것은 정보화 기술국의 임무이다. 이 국에는 1,700명 이상의 구성원들이 있으며 한 개의 부서에서 현재는 온전한 국으로 변모하였다.

　최신기술을 유지하는 것은 경찰활동에 있어서 필수적이다. 왜냐하면 기술발전에 따라 범죄도 발전하기 때문이며 신원 도용 또는 사이버 범죄의 출연과 같이 범죄가 새롭게 발전하기 때문이다. 정보화 기술국은 NYPD의 네트워크 보안을 감시하는 팀을 보유하고 있다. 이는 잠재적인 사이버범죄의 접근으로부터 경찰청의 중요한 시스템을 보호하기 위함이다.

　제시카 티스크 정보화 기술국장은 "우리는 뉴욕시 경찰청이 요구하는 기술과 9117 전화신고 접수 시스템을 제공하고 있다. 이는 경찰청이 공공안전을 증진하기 위해 지역사회와 파트너십을 형성해 함께 일하는 노력의 일환이며, 우리 경찰관들과 대중사이의 증가하는 소통을 촉진하기 위함이며, 법을 집행하고 범죄를 예방하고 줄이기 위함이며, 뉴욕시를 더 안전한 도시로 만들기 위함이다."라고 말했다.

　NYPD는 컴스탯에 의한 혁신적인 경찰활동으로 전 세계에 알려져 있고, 컴스탯은 매주 개최되는 '범죄와의 전쟁과 평가회의'로서, 이 회의는 지속적으로 개선되는 전자 지도와 통계의 시각화 기술의 도움을 받고 있다. NYPD 정보화기술국은 범죄 통계를 대중이 보다 더 이해하기 쉽게 만들기 위해, 범죄와 경찰활동의 정보를 담은 컴스탯 범죄보고서의 공개버전인 컴스탯 2.0을 개발했다. 이 보고서는 모든 경찰서와 경찰서의 모든 세부지역에 관한 것이다. NYPD의 자동차 사고 보고서는 경찰서의 부서들에게만 사용되어 왔는데 이제 처음으로 온라인으로 누구나 확인할 수 있게 되었다. 정보화 기술국은 경찰청의 바디 카메라 프로그램의 초기 단계의 정착에 노력하고 있다. 이 카메라는 2017년 20개 NYPD 부서에 처음 적용하였으며, 2018년 정보화기술국은 이 프로그램을 2단계로 확

7　뉴욕시에서 발생하는 모든 911 신고전화는 브루클린에 위치한 '메트로 테크 센터(Metro Tech Center)에서 접수하고 경찰서 소속의 근무 중인 순찰 경찰관에게 지령된다. 911 신고전화를 접수하고 지령을 내리는 업무의 담당자는 시민 근무자이며 911 신고전화의 접수와 지령을 관리하는 담당자와 전체 책임자(inspector 우리나라 총경급)는 경찰관이다.

대할 것이다. 2018년 말까지 모든 경찰서와 주택국 소속 경찰관 근무 구역과 지하철국 구역과 순찰업무를 담당하는 모든 제복 경찰관에게 적용할 것이며, 이는 총 20,000명의 경찰관에게 적용될 것이다.

정보화기술국은 911 테러에 대한 조치로 Microsoft 사와 협력하여 인터넷 도메인 인식 시스템(Domain Awareness System, DAS)을 개발하였으며, 이 시스템은 실시간의 CCTV로부터의 데이터를 수집하며, 자동차 번호판 인식기, 환경 감지기, 범죄 패턴 표시 지도와 그 밖의 것들로부터 데이터를 수집한다. 테러 활동에 대한 강력한 억제책인 DAS는 복잡한 도시환경을 모니터하며 감시하기 위한 세계에서 가장 우수한 시스템 중 하나이다.

지난 4년 동안 정보화기술국은 경찰청의 전산망을 재설치하였는데 여기에는 새로운 전화시스템, 새로운 무전시스템, 모든 NYPD의 시설을 연결하는 광섬유망 등이 포함된다. 사실상 NYPD는 고유의 통신서비스 공급자가 되고 있다. 즉 뉴욕에서 세 번째로 큰 대형망을 갖고 있으며 통신회사가 소유하지 않은 유일한 통신 서비스 공급자이다.

최근 몇 년간 정보화기술국은 브루클린에 새로운 데이터 센터의 건립을 마무리하고 있으며 브롱스에 새로운 온라인상의 '공공 안전 신고센터'를 도입하였으며 '차순위 신고센터'와 이들 두 센터를 이용할 수 없는 별도 사건의 신고제도를 도입하였다. 콜센터는 정보화기술국안의 통신부서에서 가장 많은 직원들을 두고 있다. 센터는 모든 경찰 통신 전문기술자들과 무선 지령직원들과 감독관들과 작전을 감독하는 제복 경찰관들과 시민 보조 직원으로 구성되어 있다. 정보기술국은 NYPD 데이터 저장 장치를 염두에 둔, 데이터의 확대된 지리적 분산을 위해 NYPD의 크라우드를 확대했다.

스마트폰과 이웃순찰제도

스마트폰의 이동성을 기반으로, 정보화기술국은 전체 35,000명의 경찰관들에게 스마트폰과 3,000대의 순찰차량에 태블릿을 보급함으로써 경찰 통신을 분산했다. 이들 장비들은 경찰관들에게 전화 또는 이메일을 통해 그들이 근무하는 지역사회에 직접 접촉할 뿐만 아니라 현장을 누비는 동안 매우 유용한 데이터들에 접근이 가능하게 했다.

경찰청 업무용 스마트폰으로, 경찰관들은 특정 장소로부터 기존에 이루어진 긴급전화 기록을 포함하여, 특정 장소 부근에 있는 수배자들의 정보 등 911 신고센터의 데이터에 실시간으로 접근할 수 있다. 경찰관들은 NYPD의 범죄정보센터의 모든 데이터에 접근할 수 있다. 이곳은 그들이 발부된 영장과 실종자 또는 수배자에 관한 정보를 검색할 수 있고 '크라임 스토퍼(Crime Stopper) 프로그램8' 내의 모든 종류의 정보를 조회할 수 있다. 그들은 '번역기'라 불리는 애플리케이션을 사용하는데, 이는 50개 언어로 말하고, 문장을 번역할 수 있으며, 24시간 실제 통역사들과 연결하는 '랭귀지 라인'이라는 서비스에 접근할 수 있다. 뉴욕시는 모든 것이 섞여 끓고 있는 방대한 솥(멜팅폿 Melting Pot)이며, 경찰청의 스마트폰은 미국에서 가장 다양한 이웃들과 일하는 경찰관에게 가장 필요한 도구이다.

이 스마트폰은 경찰관들이 시민들에게 보다 쉽게 접근할 수 있도록 하고, 경찰관들 사이에서도 보다 효과적인 소통과 협력을 가능하게 하는 방법으로, 이웃순찰을 지원한다.

<그림 6-1> 업무용 스마트폰

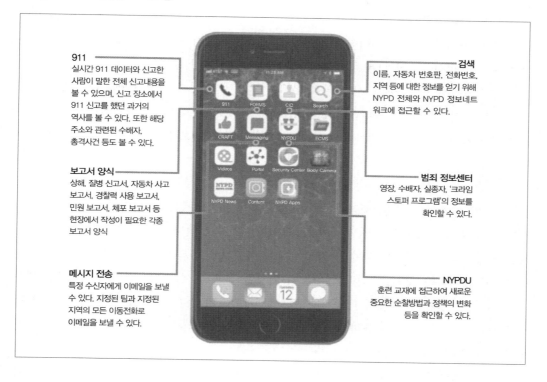

이웃순찰제도하에서는 최소한 12명의 경찰관들이 1개 경찰서 관할을 3~5개의 작은 구역으로 나누어 2인 1개 조가 그중 1개 구역을 전담하여 책임진다. 즉, 단일 시간대에 1개 경찰서 관할에 순찰 경찰관 5개조가 근무하며, 1개조에 2명의 경찰관으로 구성된다. 이들 5개조 10명은 하루 3교대 근무시간대 중 한 개의 시간대를 맡는다. 그리고 두 명의 이웃조정경찰관(Neighborhood Coordination Officers, NCOs)[9]이 있다. 과거에는, 경찰관들이 오직 그들의 근무시간대에만 초점을 맞추는 경향이 있었다. 그리고 그들은 다른 조들의

---

8   범죄 신고 보상금 지급 제도이다.
9   '이웃 조정 경찰관' 2명은 범죄신고사건에 출동하지 않으며 지역주민과 소통하는 임무를 수행한다.

경찰관들과 소통할 준비가 되어 있지 못했다. 이는 대부분의 경찰관들이 경찰서에서 지급한 이메일 주소나 전화를 갖고 있지 못했기 때문이다. 현재 이들 경찰관들은 그들에게 할당된 구역에 대해 관심을 갖고 있으며 지역주민은 누구나 그들에게 상시적으로 연락할 수 있다. 범죄와 싸우고, 문제를 해결하는 팀으로서 그들의 임무는 12명의 모든 팀 멤버들이 정기적인 이메일과 스마트폰 통신을 함으로써 크게 활성화되었다.

정보화통신국은 경찰청 스마트폰을 위한 한 애플리케이션을 만드는 중에 있다. 이 애플리케이션은 경찰관들에게 모든 이웃순찰의 임무를 관리하게 할 수 있으며, 그들이 근무하는 지역의 주민들과 연결할 수 있게 한다. 정보화 통신국은 순찰국이 지역주민들과 접촉할 수 있는 애플리케이션을 개발하고 있다. 이는 지역주민들이 삶의 질에 관한 문제나 지역 관심사를 NYPD에 무기명 또는 실명으로 신고할 수 있도록 한다. 이 신고들은 개별 경찰서에서 근무 중인 적당한 NCO에게 전달될 것이다. 2018년에 정보화통신국은 경찰청을 현대화하기 위한 다음단계의 도약을 할 것이다. 이는 모든 경찰청의 스마트폰을 대체하여 NYPD 최초의 아이폰을 지급하는 '이동성 계획'을 새롭게 하는 것이다.

총격

NYPD는 2015년 소위 총격위치확인을 위한 초기 프로그램을 운영하기 시작했다. 이 기술은 총격을 감지하고 총격의 위치를 확인할 수 있게 한다. 총기 범죄와 폭력 발생이 많은 브롱스와 브루클린의 다수의 경찰서에서 시범적으로 시작하였다. 이 기술을 총성을 확인하고 분석하는 것인데, 전략적 위치에 설치한 작은 센서를 이용하고 있다. 이들 센서는 총격의 위치와 소리 등의 데이터를 정보화 기술국의 컴퓨터 인지 시스템으로 실시간으로 보낸다. 이 정보를 이용하여 경찰청의 작전팀의 책임자는 현장에 근무 중인 순찰팀들에게 '총격위치확인' 경보를 보낸다.

총격의 위치확인 기술은 3평방마일 안에 설치되었으며 각 평방마일 당 60개의 센서가 배치된다. 총격 위치확인 마이크는 주변의 소음을 무시하며 센서들은 소음과 폭발소리를 밀리 초 단위로 기록한다. 이 센서들은 GPS칩을 갖고 있어 총격의 정확한 위치를 파악한다.

이 기술을 개발한 캘리포니아에 위치한 회사는 하루 24시간 이 서비스를 모니터한다. 모든 가능성 있는 총격의 데이터는 훈련된 음성분석가들에 의해 빠르게 분석되며 이들은 소리와 총성을 확인하고 특정한 경우에 있어서는 총기사용자의 수와 총기의 종류를 결정할 수 있다. 과거에는 뉴욕의 총격사건의 75~80%가 신고되지 않았다. 총기범죄를 줄이려는 현재의 노력에 또 하나의 중요한 구성요소로서 '총격위치확인기'가 도입되었다.

총기사용은 종종 저격 또는 살인이 표시가 되기도 하며 이는 같은 장소에서 일어난다. 총격위치확인기는 범죄현장에 있는 경찰관들에게 추가 범죄를 막도록 경보를 보낸다. 즉 경찰관들에게 탄도 증거를 모으고, 관련 CCTV 비디오를 파악하며, 관련 사실을 듣거나 본 사람들이 있는지 이웃을 탐문하게 한다. 이들 증거의 어떤 것은 수사관들이 해당지역의 폭력범죄나 갱 구성원들에 대한 수사를 진행할 때 결정적인 증거가 되기도 한다.

경찰청의 '위치확인기술의 도입은 4번째 단계에 와 있으며 곧 뉴욕시의 70평방마일에서 시행될 것이다. 이 지역은 이스트 뉴욕을 포함하여 파 락커 웨이와 할렘지역을 포함하는데 이곳은 911데이터와 총기범죄에 가장 영향을 많이 받는 지역 중 일부가 될 것이다.

<그림 6-2> 총격위치확인 기술

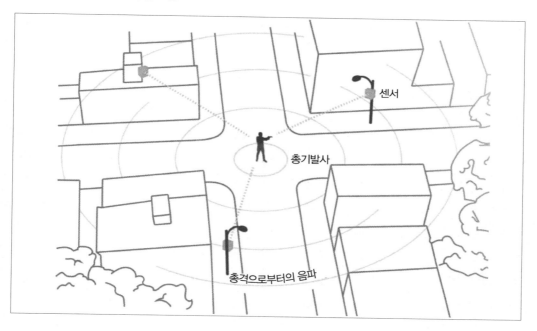

07 협력업무국

"비영리단체 등 외부의 다양한 기관과 경찰청과의
연락관 역할을 한다."

◇ 협력업무국의 조직도

경찰청장실 ·············· 협력업무국

윤리 기준

과거 4년 동안 뉴욕시 경찰청은 그들이 근무하는 지역사회와의 접촉과 연결의 면에
있어 규모를 크게 늘려왔다. 이들 노력의 커다란 부분을 부청장실인 협력업무국이 선두
에서 집행했다. 이 국은 뉴욕시의 정신질환과 약물중독을 다루는 사람들과 형사 피해자,
도시의 젊은이들, 종교단체 그리고 마을 공동체에 경찰청이 보다 좋은 업무를 수행하고
보다 긴밀하게 접촉할 수 있도록 돕고 있다.

"우리의 업무는 세 분야에 집중되고 있다. 경찰관들을 위해 강제력이 행사되지 않는
업무들을 개발하고, 창조적이고 집중적인 강제력 행사 전략을 개발하고, 경찰업무 집행에
대한 시민들의 전략을 개선하는 것이다."라고 수산 허맨, 협력업무국장은 말했다.

협력업무국은 NYPD 내에서 비교적 새로운 존재인데, 2014년 1월 설립되었다. 이 국
은 뉴욕시의 '건강과 정신보건국'과 함께 일한다. 이는 폭력의 성향을 보이는 정신질환자
들이 개입된 911신고사건에 대해, 가능한 가장 좋은 결과를 도출하기 위한 목적으로 경
찰관들과 함께 출동하는 뉴욕시의 의사들을 위한 차량을 개발하고 있다.

협력업무국은 브루클린과 브롱스에서 '뉴욕시의 총격 억제 프로그램'을 감독하고 있
다. 이 프로그램은 법집행 기관들과 업무 수행자들과 지역의 주민들과의 훌륭한 협력관
계 속에서 이루어지고 있으며 이는 거리의 갱단들 사이에서의 폭력을 줄이기 위한 프로
그램이다. 이들 협력파트너들은 갱 단체의 구성원들과 직접 얼굴을 마주하며 폭력을 멈

추도록 노력하고 있으며, 폭력행위가 발생할 경우 폭력을 행사한 갱단의 구성원들의 신원을 신속하게 파악하는 데 도움이 되고 있다.

2017년 협력업무국은 전략적 소통국과 공동으로 약물의 과다사용을 경험 또는 목격한 시민들에게 911 신고를 할 수 있도록 NYPD 최초로 뉴욕시 전역에 걸친 홍보전략을 고안했다.

범죄의 희생자들

NYPD의 가장 강력하게 추진하고 있는 지역사회와의 연결 노력 중 하나는 '범죄 피해 지원 프로그램(Crime Victim Assistance Program, CVAP)'이다. 이는 혁신적인 계획으로, 협력업무국에 의해 개발되었으며, NYPD가 예산을 지원한다. '세이프 호라이즌'으로부터 직원을 지원받았으며, 비영리 단체로 뉴욕시에서 가장 규모가 크고, 포괄적인 피해자 지원 단체이다.

CVAP는 피해자가 된 사람들의 스트레스를 줄이기 위해 노력할 것이다. 이 프로그램은 위기 개입을 제공하며, 피해자들이 겪는 경찰 또는 다른 형사사법제도의 조직들과의 접촉에서, 피해자들을 대변한다. NYPD와 피해자들의 상담사들이 피해자의 필요와 관심사항을 처리하기 위해 함께 일한다. 이로써 피해자들은 트라우마와 감정에 대한 통제력을 다시 회복하며, 궁극적으로 형사사법절차에 참여하게 된다.

08 감찰국

"경찰청 구성원의 비리를 조사하는 업무를 한다."

조직도

◇ 감찰국의 조직도

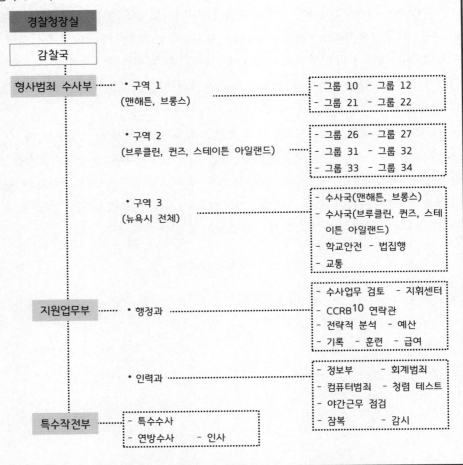

10 시민 민원 심사 위원회(Civilian Complaint review Board, CCRB)는 뉴욕시 정부 소속이며 시민들이
    뉴욕시 행정과 공무원에 대한 불만 민원을 접수하여 처리한다. 경찰관 비위사건에 대하여 CCRB와
    경찰청 감사국이 함께 일한다.

부패의 근본적 차단

1993년 이후 감찰국은 뉴욕시 경찰청 내부의 부패와 비행을 수사하고, 예방하며, 척결하는 임무를 수행하고 있다. 감찰국은 자신들의 수사를 보다 효과적으로 집중하고 수사능력을 증대하기 위해 그 해에 감찰부에서 국으로 승격되었다. 감찰국의 업무는 때로는 힘들고, 항상 민감하지만 비행이 시작되기 전에 예방하기 위해 고안된, 철저한 수사부터 청렴교육에 이르기까지 다양한 형태를 취하고 있다.

감찰국은 감찰 대상 사건의 효율적인 관리 절차를 준수하는 한편, 경찰청에 근무 중인 모든 구성원들에게 적정 절차의 권리를 지켜주는 것과 부패를 뿌리 뽑는 것 사이에서 세심한 균형을 지키고 있다. 최근 몇 년 동안 비행과 부패의 혐의에 대해 집중하는 데 초점을 맞추어 왔다. 그리고 더 이상은 경미하거나 절차적인 위반에 대해서는 수사하지 않고 있다. 이는 경미한 사건에 대해서는 감찰 대상자의 소속국에서 수사와 징계 책임을 갖도록 하며, 감찰국의 업무부담을 줄이는 동시에 주요 사건에 대해 보다 효과적인 처리가 가능토록 하였다.

2014년 감찰국은 범죄수사팀을 3개의 지역으로 분산하는 강력한 구조조정을 진행했다. 이들 3개의 지역 중 2개는 지리적인 지휘관할에 의한 수사조직을 만들었고, 나머지 1개는 뉴욕시 전체를 관할하도록 하였다. 이는 수사국, 교통 단속요원, 학교안전요원을 포함한다. 지휘관들은 이들 각 지역을 감독하며 각 그룹들은 지휘관들에게 직접 보고하도록 하였다. 감찰국은 또한 개별적인 행정과 지원의 하부 부서를 두고 있으며 이들은 지휘부를 지원하고 있다. 지난 4년간 감찰국의 구조조정을 통해 감찰국은 사건을 검토함에 있어 불필요한 지연을 줄여 왔다. 사건절차가 진행된 건수가 2,196건에서 850건으로 61% 감소됨에 따라 조사절차에서의 평균소모시간이 줄어들었다.

훈련과 교육적인 노력을 통해, 감찰국은 '이웃순찰' 프로그램에 청렴의 강력한 토대를 제공하고 있다. 외부기관들과의 협력을 증대하고, 경찰서 단위에서의 청렴 관련 문제들을 다루며, 감찰국장에 의한 개인 강좌를 포함한 특별 훈련을 이웃순찰 경찰관들에게 제공하는 등, 감찰국은 NYPD가 경찰청 내외부 모두에서 청렴의 명성을 유지하도록 돕고 있다.

조셉 레즈닉은 "NYPD는 경찰청 역사상 지역사회와 이웃을 위한 가장 광범위한 정책과 주민의 신뢰와 믿음을 얻기 위한 노력을 통해 앞으로 전진하고 있다."라고 말했다. 또한 "경찰청의 모든 계급에서 정직과 청렴을 적용하는 것은 지역주민의 신뢰를 얻기 위한 견고한 기초를 만드는 일이다."라고 말했다.

09 법률지원국

"경찰청의 업무나 정책에 대해 법적 검토 업무를
수행한다."

조직도

◇ 법률지원국의 조직도

경찰청장실	······	법률지원국	········

- 행정소환팀
- 민사집행팀
- 규정준수 감독관팀
- 입법업무팀
- 형사범죄부
- 면허부

- 민사팀
- 서류작성팀
- 정보업무팀
- 연금팀
- 경찰법 소송부

정의 저울의 균형잡기

정의 저울은 'NYPD는 뉴욕주와 미합중국의 형사사법 시스템의 필수적인 요소라는 불멸의 상징'으로서 NYPD의 견장에 수놓아져 있다. NYPD의 법률지원국은 1921년에 설립되었으며, NYPD의 경찰관들과 그들이 봉사하는 시민 양쪽을 위한 저울의 균형을 잡는 역할을 하고 있다.

로렌스 번 법률지원국장은 "법률지원국의 임무는 경찰청과 관련된 모든 법적 문제에 관해 경찰청 직원들에게 높은 근무 기준을 제공하고 있다."라고 말했다. 또한 그는 "매일 우리 변호사들이 실시간으로 많은 소송사건에서 연방법, 뉴욕주법, 뉴욕시법의 집행과 해석에 대해 구성원들을 돕고 있으며, 경찰청의 정책과 집행이 합법적이고 공정하게 집행되도록 돕고 있다."라고 말했다.

법률지원국의 거의 300명의 직원들이 연방법, 뉴욕주법, 뉴욕시법의 집행과 해석에 대해 NYPD의 구성원들을 돕고 있다. 법률지원국의 입법지원팀은 뉴욕시와 뉴욕주 그리고 연방차원의 입법가들과 협력하고 있으며, 경찰청의 필요와 공공의 안녕에 관해 협력하고 있다.

결코 긴장을 늦출 수 없는 순간

경찰청의 법률과 집행부의 지시사항에 대한 경찰청의 법률 해석가로서 활동하는 한편 법률지원국은 매년 1,900건 이상의 법률 의견을 묻는 질문 서류에 대해 근무자들에게 조언하고 있다. 그리고 500회 이상의 지역사회 또는 경찰청의 회의에 참석하고 있다. 2017년에 경찰청 또는 경찰청 구성원들을 상대로 한 새로운 법률소송의 제기는 24% 이상 감소하였다.

법률지원국에는 민사소송 수행팀이 있다. 이 팀은 범죄 또는 삶의 질에 관한 이슈에 대응하는 NYPD의 능력을 증대시키기 위해 사법적, 행정적 결정에 관한 민사소송을 진행한다. 즉 경찰 법률소송부는 경찰행위로부터 유발되는 법률소송을 직면한 경찰청의 모든 구성원들에 대한 연락관으로서 활동한다. 면허부는 라이플과 엽총뿐만 아니라 다양한 형태의 권총소지면허 신청 절차와 검토, 면허의 발급업무를 담당한다.

법률지원국의 임무는 일반적으로 법률과 경찰작용의 항시 변하는 본성에 맞추어 발전하고 있다. 법률지원국은 뉴욕시의 법률을 집행하고 해석하는 데 가장 잘할 수 있는 방법을 경찰청의 근무자들에게 제공하며 모든 근무자들에게 100차시 이상의 강의를 포함한 다양한 훈련을 제공하고 판례법과 법정형의 최신 개정판에 관해 법률지원국의 게시판을 제공하고 있다. 소속 변호사들은 경찰청의 제복 근무자들과 범죄의 최신 경향과 환경에 대응하고 있으며, 다수의 법집행 기관들의 작전과 압수 명령의 집행을 통해, 불법 총기를 포함해 약물 중독, 마약, 성매매, 상표위조, 자동차 범죄, 도박 등 범죄에 대응하고 있다.

10 경영예산국

"경찰청 예산 확보와 운영업무를 담당한다."

조직도

◇ 경영예산국의 조직도

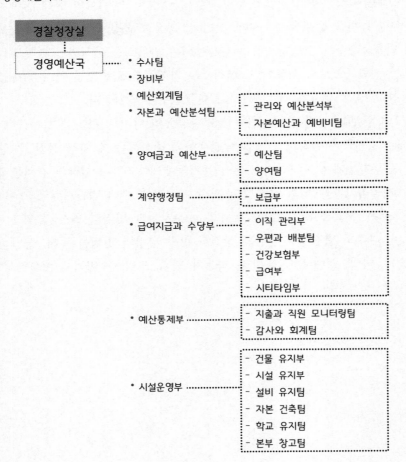

경찰청장실

경영예산국 ······
- 수사팀
- 장비부
- 예산회계팀
- 자본과 예산분석팀 ······
  - 관리와 예산분석부
  - 자본예산과 예비비팀

- 양여금과 예산부 ······
  - 예산팀
  - 양여팀

- 계약행정팀 ······
  - 보급부

- 급여지급과 수당부 ······
  - 이직 관리부
  - 우편과 배분팀
  - 건강보험부
  - 급여부
  - 시티타임부

- 예산통제부 ······
  - 지출과 직원 모니터링팀
  - 감사와 회계팀

- 시설운영부 ······
  - 건물 유지부
  - 시설 유지부
  - 설비 유지팀
  - 자본 건축팀
  - 학교 유지팀
  - 본부 창고팀

달러와 센트

경영예산국장은 NYPD의 전체 50억 달러의 예산을 조정하고, 집행하고, 감독한다. 경영예산국장은 재정계획과 자금의 획득, 임금의 지급, 장비와 비품의 구매와 배급 업무를 수행한다. 이 국의 650여 명의 구성원들은 방대하고 시간이 많이 소모되는 업무를 수행하고 있으며 경찰청의 수요에 따라 지속적으로 발전할 책임을 지고 있다.

2016년 경영예산국은 장비 개선을 위한 자금을 획득했는데 이는 약 4,000대의 경찰차량의 창문과 앞문에 방탄 능력이 있는 패널의 설치뿐만 아니라 3,000대의 차량에 비치될 20,000개의 방탄 헬멧과 조끼를 위한 자금을 포함하고 있다. 퀸즈 지역 검찰청에서 제공한 압수금으로 경영예산국은 '이웃순찰'을 활성화하기 위한 새로운 차량의 구매비용 2,040만 달러를 확보했다. 이 예산으로 신임 근무자들에게 태블릿 컴퓨터를 지급하고 의료용 심장충격기의 추가 배치했으며 근무복 근무자들에게 레벨 3 수준의 권총 벨트 등을 지급했다.

빈센트 그리포 경영예산국장은 "우리 국의 임무는 적합하고 운용가능한 시설과 예산계획, 자금의 조달과 비용에 대한 지불, 급여의 지급과 계약의 집행, 비품과 장비의 배분을 통해, NYPD 전반의 임무수행이 뉴욕시를 안전하게 유지하도록 지원하고 있다."라고 말했다.

매년 경영예산국은 NYPD의 대테러작전을 위한 자금 확보에 중요한 역할을 하고 있는데 이는 연방과 뉴욕주 기관들과 협력하며, 증가된 예산을 위해 설명하는 등의 노력을 기울이고 있다. 2001년 911테러 이후 NYPD는 약 15억 달러를 시정부와 주, 연방으로부터 지원받았다. 2017년 새로 선출된 대통령과 그의 가족의 경호를 위해 전례 없는 어려움에 직면했다. 경영예산국은 치솟는 경호 안전비용으로 무려 2,590만 달러를 연방 법무부와 협력하여 확보하였다.

시설개선

경영예산국은 NYPD의 모든 시설의 유지와 개선을 담당하고 있다. 이 업무는 수많은 시설들의 시설개선, 현대화, 보수, 유지하는 업무이며, 근무자들과 그들이 근무하는 지역의 주민들을 위한 환경여건을 개선하는 업무이다. 일선지역 개선계획은 경찰서 건물과 주택국 소속 경찰서 건물과 교통국 소속 건물에 대한 전반적인 점검과 개선업무를 포함한다.

가장 중요한 개선 프로젝트 중 하나는 현재 낡은 제40경찰서 건물을 새로운 6,800만 달러, 44,000평방피트의 시설로 바꾸기 위한 공사다. 이 새로운 건물은 경찰관과 지역사회 사이의 관계를 강화하고 시민의 참여를 독려하기 위한 지역사회 전용 공간을 포함하는 최초의 경찰서가 될 것이다.

11 행정국

"경찰청 구성원들의 자생조직을 지원하고, 경찰청의
의전, 종교, 순직가족을 지원한다."

◇ 행정국 조직도

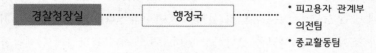

경찰청장실 ········· 행정국 ·········
- 피고용자 관계부
- 의전팀
- 종교활동팀

경험의 강화

직업은 정시에 출퇴근하고, 안정된 급료를 받는 것 이상의 의미가 있다. 특별히 경찰
관에게는 더욱 그렇다. 경찰관은 스트레스를 받고, 힘든 직업이다. 경찰관들은 그들의 일
에서 감사함을 받아야 하고, 본인들은 자부심을 느껴야 한다. 그들은 함께하고, 연대하며,
그들의 전문성과 위대한 전통과 공공의 이익을 기념하는 길을 만들어야 한다. NYPD는
모든 구성원들의 직업적인 경력을 강화하기 위해, 그리고 보다 질 높은 경찰활동을 수행
할 자격을 갖춘 경찰관들을 만들기 위해, 2014년 초 부청장인 행정국장의 부서를 설치했다.

행정국의 가장 중요한 역할 중 하나는 NYPD 내의 35개 자생 단체들의 연락관으로
서 활동하는 것이다. 이들 조직들은 경찰청 내에서 다양한 민족적, 사회적, 종교적 배경
을 장려하며, 뉴욕시내에서의 보다 광범위한 윤리적, 사회적, 종교적 커뮤니티들과 연결
하는 자연스러운 고리가 되고 있다. 행정국은 이들 자생단체들과 긴밀히 일하며 그들 단
체와 관련된 커뮤니티들을 만나고, 그들과의 유대를 강화하고 있다. 또한 경찰청장과 이
들 자생단체 간 회의를 주선하고 있으며, 일반적으로 자생단체들의 활동을 지원하고 보
조하고 있다.

로버트 갠리 행정국장은 "이들 35개의 공인된 NYPD 내 자생단체들은 전체로서 경
찰청의 소우주이다. 그들은 각 국가를 대표하며, 그들의 다양한 신앙과 그들의 성 또는
성 지향성을 대표하고 있으며 결국 이들은 뉴욕시의 공평한 다양성을 대표한다. 행정국

은 자생단체와 일하며, 전통적인 관료주의를 헤치고 나갔으며 결국 경찰청의 모든 구성원들의 중요한 이슈들을 파악할 수 있었다. 이것은 행정국이 NYPD의 모든 구성원들의 사기를 증진하는 중요한 방법 중 하나이다."라고 말했다.

행정국은 경찰청 내외에서 발생하는 중요 행사들과 일들을 조율한다. 행정국은 매년 기준을 높이고 있고, 2018년도 다르지 않다. 그들은 여성 콘퍼런스를 지원할 것이다. 이는 경찰청의 모든 여성 구성원들을 위한 행사이며, 100인 대표상, 분기 성과우수자에 대한 포상과 파이니스트 파운데이션상, 수사국 요원들에게 지급하는 수사 성과물 분기 우수자상을 포함하여, 매년 경찰청 내부 자생단체인 'LGBTQ 프라이드' 조직과 '남미 해리티지' 조직, '아시안-태평양 해리티지' 조직, '블랙 히스토리 먼스' 조직 등에 대한 정기 포상 등을 수여하고 있다.

또한 행정국은 3개의 산하 조직의 모 조직이다. '피고용인 관계부'는 근무현장에서 최고의 희생을 하고 사망한 경찰관들에 대한 전담조직이다. 이 조직은 생존한 가족 등 친척의 필요를 채워주며, 그들이 결코 잊혀지지 않도록 하는 임무를 갖고 있다. 이 부서는 심각한 질병이나 부상을 갖고 있는 구성원들을 지원한다. 채플린팀은 다양한 종교의 12개 종교활동 단체를 갖고 있으며, 이는 경찰청의 모든 구성원들의 영적인 건강에 도움이 되고 있다. 의전팀은 경찰청의 공식적인 행사와 의전을 위한 적합한 의전 임무를 수행한다.

12 전략계획국

"경찰청 구성원들의 업무를 평가하고, 시기적으로 중요하거나 여러 부서가 연결된 정책들을 집행한다."

조직도

◇ 전략계획국의 조직도

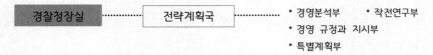

| 경찰청장실 | 전략계획국 | • 경영분석부   • 작전연구부
• 경영 규정과 지시부
• 특별계획부 |

분석과 조직

NYPD는 셀 수 없이 많은 움직이는 부품으로 구성된 가계와 같은 방대한 조직이다. 경찰청에는 어느 때나 많은 수의 계획과 프로그램과 진행 중인 정책들이 있다. 또한 인력과 기타 다양한 자원의 정기적인 지원이 있다. 경찰청을 적절하게 조직하고 정상적으로 운영되게 하는 일은 그 자체로서 방대한 일이 될 수 있다. 이러한 일이 전략계획국이 수행하는 임무이다.

2018년 1월 현대적인 구조로 개혁한 후, 전략계획국은 과거 NYPD 경영분석 및 기획국으로서 주요 전략의 수립, 조사와 분석업무 수행뿐만 아니라 경찰청 전체의 노력에 있어 최대한의 효율성을 증진하기 위해 정책과 프로그램, 자원을 지속적으로 평가한다. 이 국은 전형적으로 모든 분야에 관여하고 있다. 즉 이웃순찰의 성공을 위한 새로운 분야의 설정을 위해 총괄국장이 업무를 수행하고 있는지, 경찰력의 사용이 적절하게 보고되고 기록되고 있는지를 확실하게 하기 위한 경찰청 공권력 사용정책을 검토하고 있는지 등을 확인하고 있다. 전략계획국은 NYPD의 범죄통계를 FBI에 제공하여 전국의 연간 범죄통계를 지원하고 있다. 이는 NYPD 경찰서와 다른 단위의 집행부에 필요한 인력 수를 결정하여 NYPD에 자원을 배분하고 있다.

전략계획국장 존 도노휴는 "전략계획국은 단순한 분석을 넘어 철저한 분석과 대응책의 도출과 경찰청 전반을 강화하는 혁신적인 프로그램과 절차를 집행한다. 경찰청이 품질 높은 업무수행을 효율적으로 하도록 우리 국이 돕고 있으며 이는 모든 주민들에게 제공하는 경찰청의 서비스를 최고로 만들 것이다."라고 말했다.

최근의 계획들

뉴욕시는 현재 마약과 약물과다 복용이 유행인데 이는 사회경제와 성과 인종, 지역사회 전반에서 발생하고 있다. 전략계획국은 매년 뉴욕시에서 마약과 약물복용의 증가와 싸우기 위한 전략을 개발한다. 우리의 전략은 정보수집, 법집행, 치료, 교육, 법제화 등인데 이러한 전략들은 이러한 문제점에 지속적으로 대응하고 있는 전략계획국에 의해 수립된 정책이다.

전략계획국은 최근의 경찰청의 경찰관들과 수사 전문요원들에 대한 업무수행 평가도 책임지고 있으며, 2017년 1월까지 시행되었다. 이러한 새로운 제도는 이웃순찰제도와 관련된 경찰관들의 업무를 측정하는 것으로서, 이는 이웃순찰업무에 중요한 개인의 성과물을 고려한 평가였다. 또한 이는 과거 통계나 숫자에 치중한 평가시스템을 대체한 진보적인 방법이다. 이 새로운 평가시스템은 양보다는 질에 주안점을 두고 있다. 이는 뉴욕시의 주민들에게 가장 우수한 경찰업무를 수행하도록 촉진하고, 진정한 경찰관련 성공의 질을 평가하기 위한 것이다. 또한 분기별 평가에 관한 규정을 만들어 피드백 정례화와 지침을 수립하고 경찰청 구성원들 모두에 대한 업무능력 향상을 지원토록 하고 있다. 그리고 궁극적으로 연례 업무수행 평가에 보다 공정하고 상세한 정보가 담기도록 분기별 평가를 수행했다. 2018년에 이러한 새로운 방식의 평가 시스템은 순경(Police Officer)뿐만 아니라 경사(Sergeant), 경위(Lieutenant) 계급에 대해서 적용할 예정이다.

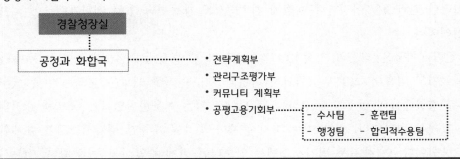

C/H/A/P/T/E/R

13 공정과 화합국

"조직의 화합을 위해 소수 민족과 소주 종교 등 다양성이 경찰관의 채용, 부서 배치, 업무 수행에 반영되도록 하는 역할을 한다."

조직도

◇ 공정과 화합국의 조직도

경찰청장실

공정과 화합국 ············· • 전략계획부
• 관리구조평가부
• 커뮤니티 계획부
• 공평고용기회부·········· - 수사팀   - 훈련팀
- 행정팀   - 합리적수용팀

지역사회를 반영하여

뉴욕시는 모든 것이 섞여 끓고 있는 솥(Melting Pot)이다. 즉 실제로 뉴욕시의 5개 구역(Borough) 안에서 다양한 인종과 종교, 민속이 함께 공존한다. 뉴욕시 경찰청은 모든 경찰 계급 내에서 경찰청이 봉사하는 커뮤니티의 모습을 반영하고 모든 구성원들을 포용하기 위해 노력하고 있다. 공정과 화합국은 2018년 초에 세워졌으며, 기존에 존재하던 공평고용 기회보장국의 업무를 함께 수행한다. 이는 공정과 화합국이 경찰청의 공정과 화합 전략들을 감독하고 강화하기 위한 것이다. 경찰청은 뉴욕시가 미국 내에서 가장 안전하고 큰 도시로 남기 위해 노력할 뿐만 아니라 세계에서 가장 화합을 잘하는 경찰청으로서 발전하기 위해 노력하고 있다.

NYPD의 모든 구성원들은 문화적 배경과 종교적인 성장과정, 성 정체성과 성 지향성 등 광범위한 다양성을 대표한다. 공정과 화합국은 경찰청의 모든 구성원들에게 안락하고, 공정과 화합하며, 친화적인 업무환경을 만들기 위해 노력하고 있다.

이 국은 조직의 성공을 측정하기 위한 적절한 방법을 개념화하고 만들며 수행한다. 이뿐만 아니라 이 측정방법에 상응한 보상시스템의 수행을 위해 경찰청장에게 자문을 제

공한다. 또한 이 국은 인사국이나 교육국과 같은 다른 국 또는 부서와 함께 정책 개발과 훈련, 인력채용, 고용기회 창출, 불만건의에 대한 대응 등의 업무를 공동으로 수행한다. 트레이시 키시 공정과 화합국장은 "NYPD는 미국에서 다양성이 가장 잘 반영된 경찰청이며, 우리의 조직이 다양한 인력을 모으고, 업무를 수행하도록 하는 것은 공정과 화합국의 임무이다."라고 말했다.

공평 고용 기회

공평고용기회부는 새로운 공정과 화합국 내의 대형 부서 중 하나이다. 이 부서는 1978년 설립되어, 2017년 정책에 있어 커다란 변화가 성공하도록 도왔으며, 경찰청 내에서 관련 교육을 도왔다. 이러한 변화에는 새로운 형태의 수염을 기르는 것과 종교적인 두건 착용 정책, 성전환 관련 정책의 도입 등이 있다.

"경찰청은 화합하기 위한 가장 좋은 실천 방법들을 사용하고 있다"라고 넬드라 지글러 공평고용기회국장은 말했다. "다양한 인구구성을 고려하여, 우리는 구성원들의 관심에 부응하는 다양한 정책들을 시행하고 있다. 이는 그들의 종교가 그들에게 요구하는 안면 수염, 두건, 보석 등을 착용하는 것이다. 그것들이 특별한 안전 규정을 따르는 한 허용하고 있다. 우리 부서는 현장에서 근무하는 개별 요원들의 종교적 요구사항을 인정함으로써, 경찰청의 매일 매일의 작전들이 실패하지 않도록 모든 구성원들을 돕고 있다."라고 그는 말했다.

우리의 목표는 보다 훌륭한 경찰관들을 만들어 뉴욕시를 공정하고 전문적인 방법으로 순찰하도록 하는 데 있으며, 지역사회와 경찰관들 사이의 틈을 연결하도록 돕는 데 있다. 나아가 공정과 화합국과 공평고용기회국은 경찰청의 공정과 화합에 관한 전략들에 관한 가장 좋은 실행 계획들을 확산하기 위해 다양한 경향들을 파악하고 분석할 것이다. 이 부서들은 경찰청의 공정과 화합의 전략과 공평고용기회의 정책들 그리고 주정부와 시정부의 차별금지법규들에 대해 경찰청 구성원들을 교육하는 데 중점을 둘 것이다.

트레이시 키시 공정과 화합국장은 "모든 구성원들이 자신들을 가치 있다고 느끼도록 만드는 공정하고 화합적인 근무환경은 중요하다. 왜냐하면 우리의 구성원들이 어떻게 대우받는가는 이웃순찰제도에 직접적으로 영향을 미치기 때문이며, 우리의 구성원들이 뉴욕의 다양한 커뮤니티와 상호 교류하는 데 영향을 미치기 때문이다."라고 말했다.

14 공공정보국

"언론사와 함께 일하며 시민들에게 필요한 정보를
제공하고 경찰청의 업무를 시민들에게 홍보한다."

◇ 공공정보국의 조직도

| 경찰청장실 | ·········· | 공공정보국 | ·········· | • 공공정보부 |

소식의 전파

뉴스업계는 계속 변화한다. NYPD와 지속적인 소통을 위한 요구는 그 어느 때보다 크다. 공공정보국장실은 사건사고에 관한 정보들을 결정하고 그것들을 정확하게 배포하기 위해 빠르게 일하고 있다. 공공정보국은 언론사의 검증된 기자들과 NYPD의 완전하고 공정한 협력을 유지하고 있다. 이들 기자들은 경찰청의 공식적인 업무와 관련되고 사실에 입각한 정보를 모으기 위해 노력하고 있다. 공공정보국은 이러한 협력이 경찰청의 업무를 방해하지 않도록 노력하며 개인의 권리를 침해하거나 법률을 위반하지 않도록 노력하고 있다.

공공정보국은 그 기원이 1940년대 후반 텔레비전 뉴스의 방영까지 거슬러 올라간다. TV시대의 도래와 함께, NYPD의 업무에 대한 정보의 지속적인 요청이 있었다. 이 같은 이유와 그 밖의 이유로 인해 NYPD는 언론과의 관계유지와 관련 정보의 배포를 위해 전담팀을 설립하였습니다.

순찰업무를 수행하는 NYPD 경찰관들과 매우 유사하게, 공공정보국에 배치된 제복 근무자와 시민 근무자는 하루 24시간항상 출동할 준비가 되어있다. 공공정보국 근무자들은 모든 긴급뉴스의 사건들에 대해 대응하며, 언론의 관심을 끄는 다른 어떠한 사건들에 대해서도 정보를 제공하고 보도진들에게 기자회견과 브리핑을 제공하고 있다.

대중에게 정보를 지속적으로 제공하기

공공정보국은 경찰청의 적극적인 업무에 관해 언론에 이야기를 제공한다. 이는 NYPD 경찰관들의 정직하고 힘든 업무수행이 뉴스기사로 나가기 위함이다. 공공정보국은 경찰청의 가장 중요한 정책인 '이웃순찰제도'에 대한 정보를 습득하기 위해 순찰국과 정기적인 소통을 유지한다. 이웃순찰 전담경찰관들과 구역 순찰 경찰관들에 관한 이야기들은 기자들에게 배포되며, 다수의 언론에 보도된다. 이는 뉴요커들에게 그들의 거주지역에서 경찰업무가 어떻게 수행되고 있는지에 대해 보다 나은 이해를 돕기 위함이다.

스티번 데이비스 공공정보국장은 "공공정보국은 경찰청에 대한 외부로부터의 평가 업무를 담당한다. 공공정보국은 좋은 업무 수행이 인정받고, 긴급상황에서 중요하고 시기 적절하게 정보가 소통되도록 노력하고 있다"라고 말했다. 또한 그는 "우리는 하루 24시간 모든 뉴스가치가 있는 사안들을 다룬다. 또한 공공정보국은 지역 또는 전국의 뉴스매체 또는 국제적인 뉴스매체와도 긴밀하게 공익에 관한 사안에 대해 협력한다. 이뿐 아니라 현재 NYPD와 관련이 있는 모든 주제를 다루고 있다. 지역순찰은 뉴욕시 전역에서 이루어지고 있는 경찰청의 작전 모델로 정의하는 중심 주제이다. 이는 단순한 정책이 아니며, 우리가 일하는 방식이다. 이러한 방식은 언론과 시민들에게 보내는 우리의 메시지의 일부이며, 이를 보다 강화하기 위해 공공정보국은 매우 중요하다."라고 말했다.

공공정보국은 특정 범죄 환경과 패턴, 기존 범죄와 관련된 수배자에 관한 정보를 시민들에게 지속적으로 알리고 있다. 비상상황에서는 공공정보국의 요원들은 언론과 시민들에게 정보가 정확하고 대규모로 흐르도록 노력하여, 그들의 우려를 완화하고, 오보를 없애려고 노력한다.

15 전략적 소통국

"경찰청의 업무 수행 상황을 SNS, 영상 제작 등을 통해 시민들에게 직접 홍보하며, 내부 교육을 위한 교육자료를 제작한다."

조직도

◇ 전략적 소통국의 조직도

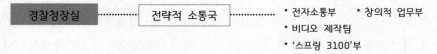

경찰청장실 ·········· 전략적 소통국 ·········· • 전자소통부 • 창의적 업무부
• 비디오 제작팀
• '스프링 3100'부

소통이 열쇠

뉴욕시 경찰청의 전략적 소통국장실은 소통기능 전반을 책임진다. 다만 공공정보국장이 운영하는 언론분야는 예외다. 2015년 9월 공식적으로 출범한 전략적 소통국은 NYPD 경찰관들과 뉴욕시민, 즉 중요하고 매우 비평적인 양쪽 그룹에 대한 지속적이고 거절하기 힘든 소통 필요에 따라 53,000명의 거대 조직 내에서 중요한 역할을 수행하고 있다.

윌리암 앤드류 전략적 소통국장은 "과거 수 년 동안 경찰청은 경찰관들과 지역사회에 다가가기 위해 지속적으로 노력해왔다. 그리고 우리는 소셜 미디어의 급팽창하는 세상을 활용하지 못했다. 오늘날 NYPD는 통신수단을 충분히 이용하고 있으며, 다수의 소셜 미디어를 관리하고 있다."라고 말했다.

전략적 소통국은 비디오 자료와 동영상 자료, 고화질의 사진, 멋지게 디자인된 보고서, 전자문서, 그 밖의 다양한 자료를 이용하여 지역사회와 소통하고, 조직 내부에서 의사소통하며, 인력 선발 시 이를 사용한다.

소셜 미디어를 통한 성공

전략적 소통국의 전자소통부는 경찰청의 새로운 공개 웹사이트와 경찰청의 내부망 홈페이지와 'NYPD 뉴스'라 불리는 매일의 뉴스레터 형식의 블로그와 140개 이상의 다양한 페이스북과 트위터 계정을 운영하고 있다. 이러한 페이스북과 트위터 계정들에는 경찰청 산하 77개 경찰서와 9개 공공주택 경찰서와 그 밖의 경찰청 산하 다른 지휘부와 경찰청 내의 지휘관과 같은 중요한 인사들의 계정들이 포함된다. 전자소통부는 현재 경찰서의 제복 경찰관들을 교육시키고 있는데, 이들은 전자소통 경찰관이라고 한다. 이들은 순찰임무 외에 그들의 소속 경찰서와 전략적 소통국 사이에서 연락관 역할을 하고 있다. 그들은 지역사회에서 소속 경찰서 지휘부의 중요한 목소리로서 역할을 수행한다. 전자소통부는 각 경찰서가 지역사회와의 소통을 극대화하도록 페이스북 계정을 만들었다.

내용의 창조

전략적 소통국의 '창의적 업무부'는 시각적 디자인, 비디오 자료, 전문적 광고회사의 광고능력을 갖고 있다. 그것은 최근에 뉴욕주의 '선한 사마리아인 법'의 인지도를 향상시키는 것에 의해 약물의 과도한 복용을 줄이기 위한 대규모 캠페인을 전개하고 있다. '창의적 업무부'에 의해 만들어진 비디오들은 소셜 미디어를 통해 1년에 2,000만 명 이상의 인상적인 시청률을 달성했다. 이웃순찰제도를 홍보하는 비디오물과 그 밖의 자료들은 경찰청이 경찰청의 목표들을 지원하는 데 필요한 작전상 그리고 문화적인 변화를 만들어 내도록 돕고 있다.

전략적 소통국은 경찰청 내에서 추가적인 몇 가지 역할을 수행한다. 경찰청 내부 소식지를 발간하며, '스프링 3100'이라는 제목의 메일을 경찰청의 모든 구성원에게 보내며, NYPD 인사국의 교육용 비디오를 만드는 비디오 제작국을 감독한다.

\<그림 15-1\> 디지털 전략

16 수석 부청장실

"지원업무를 담당하는 8개 국을 지휘, 감독하며, 경찰관이 총기를 사용한 사건을 조사한다."

조직도

◇ 수석 부청장실의 조직도

경찰청장실 ·············· 수석 부청장실 ·············· • 공권력 집행 수사부

의무를 확실히 하기

수석 부청장은 경찰청의 감독, 인사, 훈련, 지원, 징계기능의 대부분을 담당한다. 인사국, 훈련국, 위험관리국, 지원업무국, 경찰청 옹호국, 소송국, 노동관계국, 형사사법국 등 9개의 국 또는 사무실이 수석 부청장실에 소속되어 있다.

이는 매우 광범위한 분야이다. 형사사법국과 함께 수석부청장은 경찰청과 형사사법 제도 사이에서 다리 역할을 한다. 지원업무국과는 경찰청이 움직이고, 바르게 작동하도록 유지하는 경찰청의 중요한 기능들을 감독한다. 수석 부청장이 감독하는 그 밖의 국들과 함께, 인사업무의 모든 분야에 관여한다. 인력충원을 포함하여 훈련, 노동 협상, 위험관리, 품질 통제 등 업무를 수행하며, 징계가 필요한 경우 경찰관이나 시민인력에 대한 징계의 복잡한 과정에 관여한다.

수석 부청장인 벤자민 터커는 "경찰청장 오닐 아래에서 경찰청은 경찰청의 모든 면들을 개선하기 위한 광범위한 계획들을 수행하고 있다. 모든 계획들은 이웃순찰제도를 지원하기 위한 일부분으로서 이해된다."라고 말했다. 또한 그는 "경찰청장의 측면에서 중요한 전략상의 변화들이 이루어지고 있고, 내 분야에서는 의미 있는 제도상, 조직상 변화가 이루어지고 있다. 업무수행의 세밀한 일들은 매일 진행되고 있다."라고 말했다.

수석 부청장은 그에게 보고하는 국과 부서를 감독할 뿐만 아니라 그는 공권력 행사 검토 위원회의 의장이다. 이는 감찰국 또는 '공권력 집행 검토부'에 의해 조사된 '모든 경

찰 공권력 집행 관련 사고'를 검토한다. 위원회는 경찰관이 현장에서 공권력 사용을 합리적으로 정당하게 사용했는지를 여부를 결정한다.

공권력 수사부는 경찰관의 공권력 사용에 대한 수사를 집중하기 위해 2015년 7월 설립된 이후 수석 경찰청장에게 직접 보고하고 있다. 경찰청의 새로운 공권력 사용정책에 따라, 공권력 수사부는 경찰관 총기 사용과 관련된 모든 수사를 일괄 처리한다. 즉, 시민들이 중상을 입은 공권력 사용 사건이나 경찰활동과 관련된 사안에서 시민이 사망한 경우, 시민이 경찰서 유치장에서 사망한 경우 등이다. 종전에는 서로 다른 국들과 부서들이 경찰관이 관여된 총기사고를 서로 다른 관점에서 수사를 진행했다. 즉 감찰국, 수사국, 순찰국 내 수사팀 등이 개별적으로 수사를 진행했다.

공권력 수사부는 뉴욕시 전체를 관할하며, 개별 사건의 모든 면을 다룬다. 예컨대 경찰관에게 총기를 사용한 범인에게 불리한 내용을 조사하고, 경찰관의 잠재적인 잘못된 행동도 수사한다. 현재 이 수사부서에는 약 40명의 형사들을 포함하여 60명이 넘는 조사관들이 있다. 이들 조사관들은 경찰관들의 총기발사 사건에 즉시 출동하며 동일한 팀들이 함께 일하며 동일한 수사 규정을 준수하며 동일한 훈련을 받는다. 각각의 상황에 적용된 전술을 검토하는 것에 의해 공권력 수사부는 수석 부청장에게 훈련이 필요한 사항을 보고하는데 이는 해당 경찰관 또는 경찰청 전체를 대상으로 하는 훈련이다.

17 인사국

"경찰관 신규 채용과 재직 경찰관의 안정된 삶을 위한
근무지 이동, 의료 지원, 각종 상담 등을 담당한다."

조직도

◇ 인사국의 조직도

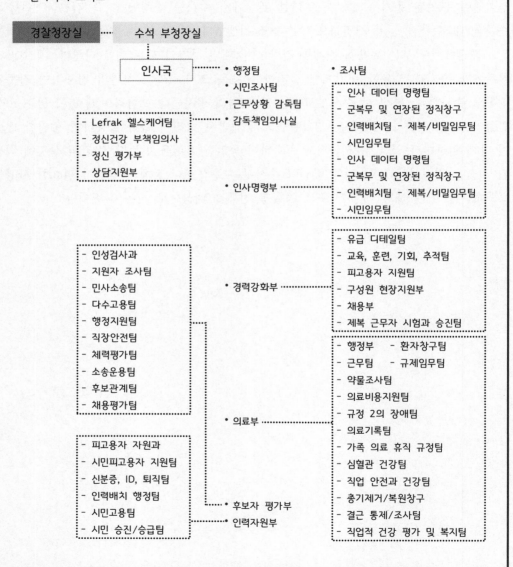

경찰청장실 ···· 수석 부청장실

인사국 ···· • 행정팀   • 조사팀
          • 시민조사팀
          • 근무상황 감독팀   - 인사 데이터 명령팀
          • 감독책임의사실   - 군복무 및 연장된 정직창구
                            - 인력배치팀 - 제복/비밀임무팀
- Lefrak 헬스케어팀   - 시민임무팀
- 정신건강 부책임의사   - 인사 데이터 명령팀
- 정신 평가부   - 군복무 및 연장된 정직창구
- 상담지원부   • 인사명령부 - 인력배치팀 - 제복/비밀임무팀
                            - 시민임무팀

                            - 유급 디테일팀
- 인성검사과   - 교육, 훈련, 기회, 추적팀
- 지원자 조사팀   - 피고용자 지원팀
- 민사소송팀   • 경력강화부 - 구성원 현장지원부
- 다수고용팀   - 채용부
- 행정지원팀   - 제복 근무자 시험과 승진팀
- 직장안전팀
- 체력평가팀   - 행정부   - 환자창구팀
- 소송운용팀   - 근무팀   - 규제임무팀
- 후보관계팀   - 약물조사팀
- 채용평가팀   - 의료비용지원팀
                            - 규정 2의 장애팀
- 피고용자 자원과   • 의료부   - 의료기록팀
- 시민피고용자 지원팀   - 가족 의료 휴직 규정팀
- 신분증, ID, 퇴직팀   - 심혈관 건강팀
- 인력배치 행정팀   - 직업 안전과 건강팀
- 시민고용팀   - 총기제거/복원창구
- 시민 승진/승급팀   • 후보자 평가부 - 결근 통제/조사팀
                  • 인력자원부 - 직업적 건강 평가 및 복지팀

경찰관을 고용하는 업무들

올바른 사람을 찾는 것은 어느 기관에서든지 성공에 있어 중요하다. 특히 이 임무는 미국에서 가장 인구밀도가 높은 도시를 안전하게 지킨다는 의미에서 NYPD에게는 매우 중요하다. 인사국은 36,000명의 제복 근무자의 보직과 19,000명의 시민 근무자의 보직을 채우기 위해 인력을 모집, 선발하고 가장 우수한 전문능력으로 양성하는 임무를 맡고 있다. 이러한 인력에는 다른 많은 중요한 역할 중 교통 법집행 요원과 학교 안전 요원, 경찰 통신 기술자, 기계공, 범죄학자, 학교 앞 교통 안전 요원 등이 있다.

인사국은 5개의 중요부로 구분된다. 후보자 평가부, 인사 명령부, 경력 강화부, 인력 자본부, 의료부이다. 의료부는 감독 책임 의사실을 포함한다. 이들 부서들은 새로운 신규 임용자들을 조사하고 임명하며 제복 근무자와 시민 근무자들이 그들의 직무능력을 강화하고 발전시킬 수 있도록 돕는다.

윌리엄 모리스 인사국장은 "인사국은 인력채용뿐만 아니라 55,000명이 넘는 제복 근무자와 시민 근무자들이 경찰청에서 근무하는 동안 그들을 지원하는 임무를 맡고 있다. 우리는 올바른 사람을 채용하는 것뿐만 아니라 우리가 우리의 근무자들과 건강하고 생산적인 관계를 유지하는 것도 매우 중요하다."라고 말했다.

고용의 중심축을 만들어가며

인사국은 지난 몇 년 동안 전면적인 구조조정을 진행하고 있다. 인사국은 고객 만족과 편의를 강조하며 채용절차를 새로운 '후보 평가 센터'로 변경하였으며, 이는 동부 20번가에 위치한 종전의 폴리스 아카데미에 위치해 있다. 이 센터는 유능한 후보자들에 대한 채용과 과거경력조사, 의료, 정신적 육체적 적합성에 책임이 있는 부서들을 모았다. 이 같은 고객 친화적인 환경은 후보자들로 하여금 '원스톱 쇼핑' 개념을 사용하여 보다 쉽게 채용절차를 거칠 수 있도록 되었다.

이러한 절차를 통해 후보자들을 지원하는 노력을 통해 인사국의 후보 평가부는 잠재적인 후보자들로부터 걸려오는 전화를 대응하는 콜센터를 운영하고 있다. 후보관계팀은 면접일정, 시험 및 약속들을 조정하는 역할을 담당한다.

건강한 공무원, 건강한 도시

NYPD는 모든 근무자들이 성공할 수 있는 자리에 배치되기를 원한다. 동시에 그들이 직업적인 그리고 가정적인 삶에서 건강과 장래의 희망을 유지하기를 바란다. 고용지원팀은 경력과 감정적인 지도와 갈등해결, 동료상담, 사회복지 서비스, 공식적인 경찰청의 추천 등을 제공하는 것에 의해 근무자들을 지원하고 있다. 이 팀은 폭력적이거나 스트레스가 쌓이는 상황에 놓인 참가자들을 위해 상담을 하는데 이는 감정적인 위기를 다루는 대처기술을 강화하기 위함이다. 이 팀은 경찰청에서 자살의 생각을 하거나 스트레스를 경험하는 구성원들을 위한 가장 주된 부서이다. 또한 이 팀은 개인적 관심사인 가족, 재정, 병역문제, 의료문제, 노인복지, 자폐, 암 등에 대한 세미나를 개최한다. 구성원들의 전문 직업에 대한 발전을 증진하기 위해 인사국은 인사업무 온라인 시스템을 전보업무에까지 확장하였다. 즉 일반경찰관, 수사관, 경사, 경위 계급의 경찰관들은 경찰청의 내부망을 통해 다양한 팀으로의 이동 신청서를 제출할 수 있다. 구성원 현장 지원팀은 특수 팀들을 포함에 다양한 지휘부로의 이동 신청을 언제든지 할 수 있도록 환경을 조성하기 위해 정보화기술국과의 협력을 통해 전보시스템을 개선하였다. 이 부서는 두개의 하위부서를 운영하고 있는데, 제복 근무자 현장지원부와 시민 근무자 현장지원부이다. 이 두 부서는 구성원들에게 이력서 준비와 전자신청서의 지원과 경력 강화를 위한 기회를 제공하고 있다.

지원을 지원하기

제복 경찰관에 부가해, 경찰청은 19,000명의 시민 근무자를 고용하고 있다. 그들의 거의 절반이 안전 분야에서 근무하고 있다. 이들 중에는 5,000명 이상의 학교안전요원과 3,000명의 교통 단속 요원, 1,500명 이상의 경찰 통신 기술자들이 있다.

매일 작전을 지원하기 위해 경찰청은 범죄학자와 목수, 성직자, 잡역부, 엘리베이터 기술자, 지문감식 기술자, 그래픽 아티스트, 기마대를 위한 마부, 열쇠공, 기계공, 운송차량 운전사, 사진사, 배관공, 정신과 의사, 무선 수리공, 지붕 수리공, 보일러 관리사, 비디오촬영기사, 용접공, 경찰 행정 보조원을 고용하고 있다. 모든 경찰서에서 시민 근무자들은 피해자들과 업무를 수행하거나 보고서를 작성하는 것과 같이 알려지지 않은 중요한 임무를 수행하고 있다.

경찰청의 시민 피고용자들이 수행하는 역할의 중요성을 인정하는 차원에서 인사국은 '시민 발전 프로그램'을 운영한다. 이는 시민 근무자들의 매우 우수한 성과를 인정하기 위한 것이다.

감독 책임 의사와 의료부

의료부의 역사는 19세기까지 거슬러 올라간다. 의료부의 임무는 경찰청의 발전과 함께 발전해왔다. 오늘날 의료부는 약 55,000명의 제복 경찰관과 시민 근무자들의 건강과 복지를 관리하고 있다. 스텝에는 32명의 경험 많은 의사들과 26명의 정신과 의사, 17명의 간호사와 5명의 부책임 의사와 그 외의 다수의 의학전문가들이 있다. 이 부서는 중앙 센터와 5개의 위성 의료시설이 있다. 이 시설들은 정형외과, 심장내과, 호흡기내과, 치과, 산부인과, 기타 전문의 크리닉을 두고 있다. 부책임 정신과 의사 감독아래 경찰청의 정신과 의사들은 후보자들의 직무 적합성을 평가하며 상담과 트라우마 치료, 슬픔 치료, 알코올 남용 치료를 제공하고 있다.

엘리 크레인먼 감독 책임 의사는 "우리 국은 경찰청 전체를 담당하는 의료서비스를 제공한다. 경찰관들은 상시적인 위험에 노출되어 있으며 우리는 언제든 그들을 돕기 위해 여기 있는 것이다."라고 말했다.

외과의사들은 경찰관이 한 명이라도 병원에 입원하게 된 모든 사건에 배치되며 그들은 해당 경찰관과 가족을 위해 상담한다. 13명의 외과 의사들은 재난대응을 위한 훈련을 받았으며, 이 부서는 NYPD 전술적 의료진을 응급 의료서비스팀 내에서 훈련시킨다. 아울러 400명 이상의 명예 경찰 외과 의사들[11]은 자신의 전문분야 혹은 병원을 관할하는 경찰서를 기준으로 엄선된 의사들로서 경찰관들과 그들의 가족을 위한 진료에 준비되어 있다. 또한 이들은 의료부서의 재난계획에 소속되어 운영되고 있다.

---

[11] 이들 명예 경찰 외과 의사들은 경찰서와 MOU를 맺고, 필요시 경찰관과 함께 경찰업무와 관련된 긴급 의료 상황에 출동한다.

18 훈련국

"신임 경찰관과 재직 경찰관의 훈련을 담당한다."

◇ 훈련국의 조직도

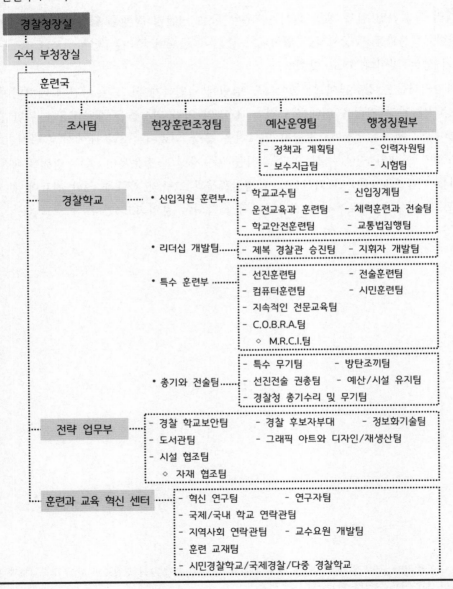

경찰청장실

수석 부청장실

훈련국

| 조사팀 | 현장훈련조정팀 | 예산운영팀 | 행정징원부 |

행정징원부
- 정책과 계획팀   - 인력자원팀
- 보수지급팀   - 시험팀

경찰학교

• 신입직원 훈련부
- 학교교수팀   - 신입징계팀
- 운전교육과 훈련팀   - 체력훈련과 전술팀
- 학교안전훈련팀   - 교통법집행팀

• 리더십 개발팀
- 제복 경찰관 승진팀   - 지휘자 개발팀

• 특수 훈련부
- 선진훈련팀   - 전술훈련팀
- 컴퓨터훈련팀   - 시민훈련팀
- 지속적인 전문교육팀
- C.O.B.R.A.팀
  ◇ M.R.C.I.팀

• 총기와 전술팀
- 특수 무기팀   - 방탄조끼팀
- 선진전술 권총팀   - 예산/시설 유지팀
- 경찰청 총기수리 및 무기팀

전략 업무부
- 경찰 학교보안팀   - 경찰 후보자부대   - 정보화기술팀
- 도서관팀   - 그래픽 아트와 디자인/재생산팀
- 시설 협조팀
  ◇ 자재 협조팀

훈련과 교육 혁신 센터
- 혁신 연구팀   - 연구자팀
- 국제/국내 학교 연락관팀
- 지역사회 연락관팀   - 교수요원 개발팀
- 훈련 교재팀
- 시민경찰학교/국제경찰/다중 경찰학교

최상을 준비하며

뉴욕시 경찰청의 훈련국은 경찰청의 구성원들을 법집행 전문가이며 양심적인 시민 공복으로 변환을 촉진하는 책무를 갖고 있다. 법집행 전문가가 되는 것은 많은 양의 학습과 이해 그리고 개인적 성장을 요구한다. 경찰청은 신입직원들에게 사전에 업무수행을 교육시키고, 모든 근무자들에게 반복적이고 첨단의 교육을 제공하여 그들로 하여금 최신의 그리고 가장 효과적인 경찰업무 수행능력을 갖추도록 하고 있다.

NYPD의 새로운 경찰 아카데미는 32에이커 규모의 캠퍼스로서 퀸즈 지역 칼리지 포인트에 위치하고 있으며 훈련국에 의해 운영되고 있다. 이 아카데미는 2014년 문을 열었으며, 맨해튼에 있는 구 경찰 아카데미와 도시 전역에 흩어져 있는 다른 훈련 시설들을 한 장소로 통합한 것이다. 연건평 750,000평방피트의 시설은 구 아카데미의 시설에 비해 거의 3배에 이른다. 그리고 현대적인 교실과 실내 트랙을 포함한 운동시설과 전술훈련 마을 등이 있다. 이 전술마을은 현장의 실제상황에 기초한 훈련을 위해 사용된다. 모의환경 훈련룸은 실물 크기의 지하철 전동차량과 플랫폼, 은행, 법정, 공원, 식당, 식료품점, 다가구 주택, 경찰서 등을 포함하여 뉴욕시의 환경과 유사한 다양한 삶의 모습을 제공한다.

경찰학교에서의 6개월간의 집중교육을 보낸 후, 신입직원들은 현장훈련담당 경찰관들과 함께 추가적인 6개월의 현장훈련을 받는다. 현장훈련 담당경찰관들은 그들의 부서에서의 베테랑들이며 현재의 순찰실무와 정책에 대해 매우 숙달되었을 뿐만 아니라 주변의 이웃주민들과도 매우 친밀한데 이들은 주민들의 문제를 잘 파악하고 있다. 훈련국은 현재까지 1,000명이 넘는 현장훈련 담당경찰관들을 훈련시켜왔다.

훈련은 경찰학교 이수 후에도 멈추지 않는다. 또한 현장훈련 후에도 멈추지 않는다. 경험 많은 베테랑 경찰관들은 시민들로부터 자발적인 협조를 받거나 갈등을 완화시키는 소통기술뿐만 아니라 거리의 전술과 총기 사용에 대해서도 반복되는 훈련을 받고 있다. 경찰관들은 경찰청 역사상 어느 때보다도 현재 직무수행 중 현장교육12을 많이 받고 있으며 이를 통해 현장경찰관들은 최신의 기술과 전술을 습득하고, 미국에서 가장 인구밀도가 높은 도시를 안전하게 순찰하려는 경찰청의 목표에 보조를 맞추고 있다.

12 　뉴욕의 모든 경찰서에는 직장교육(in-service training) 전담 팀장(경사)급 경찰관이 근무한다. 현장 경찰관들에게 근무 규정이나 총기 사용 매뉴얼의 변경 등 새로운 교육이 필요할 때마다 경찰서의 교육전담 팀장이 먼저 경찰학교에 소집되어 필요한 교육을 받은 후, 소속 경찰서로 돌아가 경찰서 소속 전체 현장 경찰관들에게 교육 내용을 전달한다.

NYPD 대학(NYPDU)은 현재 근무 중인 35,000명의 경찰관 전체가 이용 가능한 온라인 수업을 제공하고 있다. 이것은 경찰관들에게 어디서에서라도 새로운 중요한 경찰활동 기법을 배우도록 허용하고 있다. 훈련국은 뉴욕시 경찰청 대학(NYPDU)의 원거리 학습 플랫폼을 확장하여 경찰관들이 온라인상 언제든지 이용할 수 있도록 다수의 디지털 교육자재를 제공하는 방안을 모색 중에 있다.

이웃순찰제도가 뉴욕시 전체의 경찰서에 확산 정착됨에 따라 훈련국은 중요한 지원을 제공하고 있다. 경찰청은 이웃 순찰제도가 순조롭게 정착되도록 하기 위해 2001년 이후로 순찰활동 능력을 가장 대규모로 증가시키고 있으며 이에 보조를 맞추어 훈련국은 2016년 약 2,800명의 신입직원들을 이에 대해 훈련시켰다. 아울러 이웃 조정 경찰관들(NCOs)은 심도 있는 훈련과정을 거쳤으며, 이는 전자 사건처리시스템의 사용방법과 형사국의 형사범죄 수사관교육과 중재자 교육, 특수 가정 폭력훈련과정, 사복근무 교육과정, 위기개입훈련과정, 자동차 범죄 훈련과정, 정신건강 응급훈련 과정 등이 있다. 이러한 다양한 훈련은 순찰 경찰관과 순찰 경찰관과 이웃 순찰 조정 경찰관이 많은 임무를 부여받고 소규모 구역에 고정 배치되어 근무순찰 경찰관할 때, 경찰관들에게 그들이 최선의 결정을 하는 데 필요한 수단을 제공해준다.

위기개입훈련

NYPD는 매년 감정적으로 혼란을 겪는 개인들에 관한 신고를 10만 건 이상 처리한다. 경찰관들이 이 같은 상황을 처리하기 위해 잘 준비하고, 이들 상황을 성공적이고 안전하게 마무리하는 것은 매우 중요하다. 훈련국의 가장 중요한 최근의 훈련계획 중 하나인 위기개입훈련은 현재 4일간의 수업으로 제공되는데 이는 적극적으로 청취하는 기술을 가르친다. 위기개입훈련은 뉴욕 시내의 대학들의 정신건강 전문가들과 연구원들과 협력을 진행한 NYPD 훈련 전문가들에 의해 개발되었다. 훈련은 강의와 상호작용의 시나리오와 상황역할극을 통해 진행된다. 이 훈련과정은 경찰관들을 병원근무자 또는 사회활동가로 변화시키는 것이 아니며 위기에 처한 한 사람을 지원하는 경찰관을 돕기 위해 정신질환에 대한 보다 개선된 이해를 제공하기 위한 것이자 현장에서 자발적인 순응을 얻어내기 위한 것이다. 2015년 이후 7,500명 이상의 경찰관들에게 위기개입훈련을 시켜왔다.

세레사 쇼텔 훈련국장은 "감정적으로 혼란을 겪는 개인들에 대한 출동요청에 응하는 것은 한 경찰관에게는 매우 위험한 업무가 될 수 있다. 즉, 당신이 그 사람의 의도가 무엇인지 모르고, 당신이 그들이 무엇을 할 수 있는 능력이 있는지 모르며, 단순히 당신이 그들이 자신들을 자해하거나 타인에게 상해를 주는 상황에 놓이면 말이다. 우리가 위기

개입훈련을 통해 경찰관들에게 그 같은 상황을 다룰 수 있는 올바른 도구를 제공하고 있다. 그래서 이와 같은 상황이 발생했을 때 그들은 그 상황을 대처하고, 안전한 결과를 도출하는 방법을 안다는 것을 확신할 것이다."라고 말했다.

<그림 18-1> 위기계단 모델

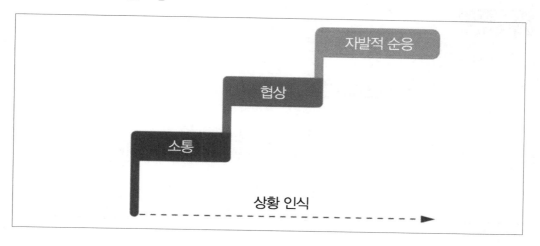

19 위험관리국

"연방정부의 감시기관과 경찰청과의
연락관 임무를 수행한다."

조직도

◇ 위험관리국의 조직도

더 발전된 것의 추구

위험관리국은 연방 감시기관과의 연락관이다. 위험관리국은 경찰청 전체에 대해 법원이 명령한 개혁을 발전시키고 수행한다. 이러한 개혁에는 개정된 훈련절차와 바디 카메라 프로그램이 포함된다. 위험관리국은 경찰청이 경찰 서비스의 질을 개선하는 것을 돕고 있다. 이는 소송데이터를 분석하고 경찰의 변화를 계획하고 수행하는 방법도 활용한다. 또한 경찰청의 업무수행 모니터에 대한 효과적인 감독방법을 제공하고 있다.

초기에는 부청장인 법률지원국의 권한아래 설립된 후, 위험관리국이 2015년 12월 독립국으로 재조직되었으며, 150여 명의 구성원으로 성장했다.

부청장보인 낸시 호폭 위험관리국장은 "우리의 목표는 지역사회에 제공되는 경찰 서비스가 자원의 효과적인 사용을 통해 지속적으로 개선되도록 하는 것이다."라고 말했다.

위험관리국은 설립된 이후 복잡한 계획과 개혁의 선두에 섰으며 순찰규정과 경찰청 정책들의 수정을 수행해 왔다.

2017년 4월 오랫동안 예고해온 바디 카메라 프로그램의 1단계가 시작되었으며 연말에 끝났다. 1,300명의 경찰관들이 뉴욕시 전체 중 20개 경찰서에서 야간근무시간에 바

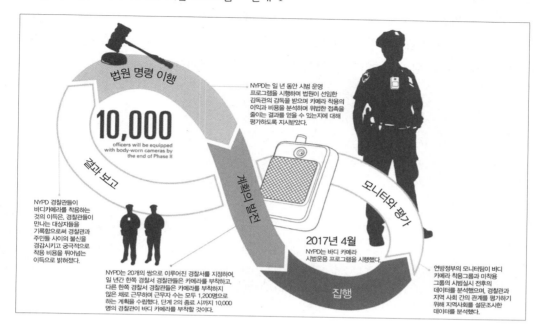

법원 명령 이행

10,000
officers will be equipped
with body-worn cameras by
the end of Phase II

결과 보고

NYPD는 일 년 동안 시범 운영 프로그램을 시행하며 법원이 선임한 감독관의 감독을 받으며 카메라 착용의 이익과 비용을 분석하며 위법한 접촉을 줄이는 결과를 얻을 수 있는지에 대해 평가하도록 지시받았다.

NYPD 경찰관들이 바디카메라를 착용하는 것의 이득은, 경찰관들이 만나는 대상자들을 기록함으로써 경찰관과 주민들 사이의 불신을 경감시키고 궁극적으로 착용 비용을 뛰어넘는 이득으로 밝혀졌다.

계획의 변경

NYPD는 20개의 쌍으로 이루어진 경찰서를 지정하여, 일 년간 한쪽 경찰서 경찰관들은 카메라를 부착하고, 다른 한쪽 경찰서 경찰관들은 카메라를 부착하지 않은 채로 근무하며 근무자 수는 모두 1,200명으로 하는 계획을 수립했다. 단계 2의 종료 시까지 10,000명의 경찰관이 바디 카메라를 부착할 것이다.

모니터와 평가

2017년 4월
NYPD는 바디 카메라 시범운용 프로그램을 시행했다.

연방정부의 모니터팀이 바디 카메라 착용그룹과 미착용 그룹의 시범실시 전후의 데이터를 분석했으며, 경찰관과 지역 사회 간의 관계를 평가하기 위해 지역사회를 설문조사한 데이터를 분석했다.

집행

디 카메라를 착용하였다. 이 첫 번째 단계는 카메라의 효과를 연구하는 단계이고, 이를 통해 카메라를 착용하지 않고 근무하는 20개의 비교대상이 되는 경찰서와 시범경찰서의 결과가 측정될 것이다. 위험관리국은 이 프로그램을 면밀히 관찰할 것이며, 법원명령에 대한 실천성과 효율성을 측정할 것이다. 2018년 말까지 이 프로그램의 2단계는 16,000대의 추가적인 카메라를 모든 경찰서와 교통국에 배포하여 운영할 것이다.

NYPD의 수정된 공권력 사용정책은 경찰청 근무자들에 의해 또는 근무자들을 대상으로 행해지는 공권력 사용을 서류화하고 정리하는 방법을 변경했다. 이러한 새롭고 전면적인 정책의 일환으로서 위험관리국의 요원들은 정기적으로 지역 경찰관들을 만난다. 이들은 지역 경찰관들이 무력사용에 대한 수사를 통하여 필요한 서류작업에 있어 절차적인 준수가 이루어졌는지를 평가한다. 위험관리국은 공권력사용의 통계를 분석하고 경찰관의 안전을 개선하고 책임성을 확보하기 위한 전략을 개발하는 데 사용한다. 위험관리국은 NYPD가 시장실과 시의회에 공권력 사용에 따른 보고의무를 이행하는지를 확인하다.

위험관리국의 품질 보증부는 지휘부 감사를 실시한다. 그리고 경찰서와 그 외의 다른 지휘부가 그들의 임무를 효과적으로 수행하는지를 검토한다. 품질 보증부는 새로운 지휘부 평가 시스템을 개발하고 있다. 이 시스템은 2018년에 도입될 것이다. 이 부서의 데이터 완결성팀은 경찰청의 범죄보고서를 감사하고, 이로써 경찰청의 범죄통계의 완결성을 입증하고 있다.

　내년에 위험관리국은 위기 분석 정보 소송 제도를 출범시킬 것이다. 이 제도는 정보를 집중화하여 처리함으로써 지휘관들이 그들의 부하 경찰관들을 평가하고, 어떤 것이 문제가 되기 전의 위기행동인지를 알아채도록 도와줄 것이다.

20 업무지원국

"경찰청이 사용하는 건물, 차량, 기록 등을
관리한다."

조직도

◇ 업무지원국의 조직도

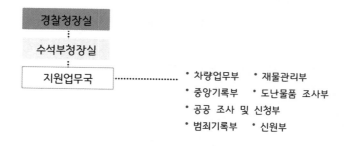

경찰청장실
⋮
수석부청장실
⋮
지원업무국 ·········· • 차량업무부 • 재물관리부
• 중앙기록부 • 도난물품 조사부
• 공공 조사 및 신청부
• 범죄기록부 • 신원부

등불 켜놓기

간단히 말해서 업무지원국은 NYPD를 문자 그대로 운영되게 하는 것이다. 그것이 연료탱크를 비상상황의 현장에 배치하는 것이든지 또는 증거를 채취하고 안전하게 지키는 현장에 배치하는 것이든지, 업무지원국은 모든 경찰관들이 자신의 업무를 수행하는 것을 차질 없이 이루어지도록 한다.

업무지원국은 4개의 구성체로 이루어진다. 차량서비스부, 중앙기록부, 인쇄부, 재산관리부이다. 이 모든 부서는 핵심적인 자원을 공급하기 위해 그리고 경찰청의 많은 유기적인 부서들이 부드럽게 작동되도록 돕기 위해 다른 부서들과 긴밀히 협력한다.

로버트 마르티네즈 업무지원국장은 "2017년은 업무지원국에 있어서 기술의 정점이 되었으며 이는 정보화기술국의 덕분이다. 준비작업을 시작하는 일에서부터 재산추적시스템을 교체하는 일과 연료시스템을 교체하는 일까지의 모든 면에서 그렇다. 우리는 완전한 전기자동차를 갖고 있으며, 자율자동차도 곧 확보할 예정이다. 매우 흥분된 시기를 맞이하고 있다."라고 말했다.

경찰차량 이상의 것들

업무용 차량 지원부서는 특수한 작업환경에 있는 모든 경찰차량의 관리하는 것을 책임지고 있다. 또한 이 부서는 특수 목적에 맞게 차량을 개조하는 책임도 지고 있다. 그것은 단순한 작업이 아니다. 즉 9,000대 이상의 차량을 관리하는 것과 차량수명에 따라 매년 평균 1,500대의 새로운 차량으로 교체하는 것을 통해 NYPD는 미국 내에서 가장 대규모의 경찰차량을 보유하고 있다. 이러한 규모의 차량은 거의 200명가량의 차량 수리공이 필요하다. 차량 서비스부는 뉴욕 시민들에게 기술 인력고용의 기회를 지속적으로 제공하고 있으며, 이는 1년에 20명의 학생들에게 시내 12개 지점에서의 인턴십 기회를 제공하고 있다.

과거 거대폭풍인 샌디가 왔을 때 연료부족으로 인해 동부의 수상운행이 마비되었다. 이 당시 NYPD의 차량서비스부의 충분한 지원계획 덕분에 NYPD는 충분한 연료저장탱크를 갖고 폭풍의 피해를 입은 지역에서 재난에 대처하였으며, 복구활동과 경찰차량과 이동식 조명탑의 작동을 원활하게 하였다. 샌디 태풍이후 차량 서비스부는 청정에너지에 더욱 전념하여왔다. 경찰청은 현재까지 거의 1,800대의 하이브리드 차량을 확보하였으며 2018년 연말까지 20대의 완전 전기차량을 테스트할 준비를 하고 있다. 그리고 이것은 NYPD의 경찰차량부를 세계에서 가장 청정한 경찰차량부로 만들 것이다.

지원의 수단들

중앙기록부에서 직원들은 경찰청의 방대한 정보 데이터 베이스를 책임지고 있다. 중앙기록부는 범죄기록으로부터 지문, 분실과 장물기록과 같이 고도로 민감한 정보와 일상적인 정보들을 다루고 있다. 중앙기록부의 신원확인 부서의 지문전문가들은 하루 24시간 전화대기상태로 있으며 이는 신속히 신원을 확인하고 피검거자의 절차를 진행하며 경찰관들에게 피검거자가 공공의 안전에 위험이 되는지 여부를 적절한 시간에 판단하도록 지원하고 있다.

재물 기록부는 모는 증거를 다룬다. 이는 방대한 작업이다. 재물 기록부는 경찰청의 보관소로 들어오는 모든 종료의 물건들을 분류하고, 저장하고, 안전하게 지키고, 반환하며, 합법적으로 처분한다. 이 부서는 재물의 온갖 종류를 모으고 저장하는데 그 범위는 권총에서 차량까지 그리고 전자제품에서 의류까지 등 광범위하다. 이 일은 2011년 재물과 증거 추적 시스템의 전면적인 시행으로 보다 효과적으로 되었다. 이러한 재물과 증거 추적 시스템은 과거의 종이를 기반으로 한 추적과 처리방법으로 급진적인 전환이며,

2018년 말까지보다 커다란 발전을 이룰 것이다. 재물 기록부서는 반납총기에 대한 현금 보상 프로그램에 중요한 기술적인 지원을 하고 있으며 이는 가능한 한 정확하고 신속하게 총기를 회수하고 보상금을 지급하는 절차이다.

지원업무국의 출판부는 NYPD가 매일 소비하는 많은 양의 인쇄물을 제작하고 배포한다. 출판부가 발간하는 인쇄물은 대중들이 읽기를 바라는 것들이다. 수배 포스터에서부터 범죄예방전단, NYPD의 새로운 프로그램을 위한 정보 소책자 등이다. 출판부의 생산물들은 뉴욕시 거리의 어디에서나 쉽게 접할 수 있다. 이 양은 매년 1,400만 매에 이른다.

21 경찰청 옹호국

"비리 경찰관 등 구성원의 징계를 담당한다."

◇ 경찰청 옹호국의 조직도

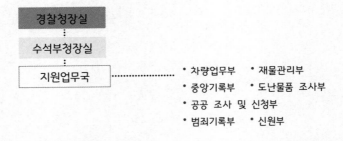

경찰청장실

수석부청장실

지원업무국 ‥‥‥‥‥‥‥

- 차량업무부   • 재물관리부
- 중앙기록부   • 도난물품 조사부
- 공공 조사 및 신청부
- 범죄기록부   • 신원부

모두를 위한 정의

어떤 대규모 조직이나 기관에 규정이나 법률을 위반하는 소수의 구성원의 잘못된 행동이 있을 수 있다. 그러나 그러한 잘못된 행동의 위험은 경찰청이 권력을 행사할 때는 보다 심각한 의미를 갖게 된다. NYPD의 엄격한 처리절차는 나쁜 위험의 대부분을 뿌리 뽑는다. 그러나 드물게는 경찰관이나 시민 근무자들이 징계를 받음으로써 NYPD가 경찰 업무를 수행함에 있어 수준 높은 품질과 역량을 유지하도록 하고 있다. 경찰청의 옹호국이 존재하는 이유이다.

수석 부청장에게 보고함과 동시에 경찰청 옹호국은 구성원들의 부패, 형사범죄행위, 중대한 부정행위와 관련된 수사내용을 검토하고 평가한다. 이 국의 법률대리인들은 경찰청의 소송을 수행하며 궁극적으로 경찰청장에게 처벌을 건의한다. 이 국의 근무자들은 뉴욕시 소속의 시민 불만 심사위원회와 경찰청 사이에서의 연락관 임무를 수행하며 감찰 국과도 긴밀하게 협력한다. 또한 경찰청의 규정과 절차를 개선하기 위해 위험관리국과도 협력한다. 경찰청 옹호국은 몇몇의 감독기관들과도 협력하고 있다. 즉 뉴욕시 소속 '경찰 부패와의 전쟁위원회', 연방 감시국, 감사관 등이다.

케비 리차드슨 경찰청 옹호국장은 "우리 부서는 공정하고 일관된 징계를 경찰청장에게 건의하며, 경찰관들에 대한 혐의를 수사한 내용에 대해 뉴욕시 소속 시민 불만 심사위원회와도 긴밀하게 협력한다. 우리는 경찰청의 징계 시스템의 절차에 관련된 사항과 통계를 경찰청장에게 보고한다."라고 말했다.

경찰청 옹호국은 징계사건을 공정하고 효과적으로 판결한다. 즉 공공과 경찰청의 이익 그리고 조사대상이 된 경찰관 개인의 권익사이에서 균형을 맞춘다. 과거 수년 동안 징계사건은 미루어지곤 했으며, 조사대상이 된 경찰관에게 징계결정을 기다리게 하였다. 경찰청 옹호국은 징계사건의 처리시간을 크게 단축하였다. 2016년 대비 12%를 감소시켰으며 2015년 대비 18%를 감소시켰다. 경찰청 옹호국은 지난해 대비 진행되는 징계건수를 10% 줄였다. 이는 새롭게 시작하는 징계건수가 감소하고, 현재 진행 중인 징계절차를 신속하게 진행했기 때문이다.

경찰청 옹호국은 징계 패턴을 정리할 것이다. 존재하는 징계정도를 재평가하고 현행 자문업무도 재평가하여 경찰청이 구성원들과 그들의 가족과 일반 공공의 요구를 맞추어 나갈 예정이다.

22 소송국

"비리 경찰관 등 구성원의 징계에 관한
소송업무를 담당한다."

조직도

◇ 소송국의 조직도

경찰청장실 ········· 수석 부청장실 ········· 소송국

공정과 중립

소송국장은 데오도르 루즈벨트 26대 미 대통령까지 거슬러 올라간다. 그는 1890년대 중반 뉴욕시 경찰청장 위원회의 대표로 근무했다. 또한 경찰관들이 공정하게 대우받는 것에 관심을 기울인 경찰 리더였으며, 경찰관의 징계사건을 조사하고, 심판하는 소송국을 만들었다

소송국장실은 공정하고 중립적인 징계 소송을 수행한다. 소송국은 경찰청 구성원들의 적정절차를 적용받을 권리와 적용 가능한 법률에 부합하는 보고서와 건의를 경찰청장에게 한다.

최근 소송국은 보고서와 그에 따른 건의를 생산하는 절차를 성공적으로 앞당겼다. 2014년부터 2017년 사이에 소송 보고서를 생산하는 데 59%의 시간감소를 달성했다. 2014년에는 소송기록을 마무리하여 결정문이 나오는 데 평균 98일이 소요되었으며 2017년에는 40일이 소요되었다.

23 노동관계국

"경찰청 구성원의 노동환경의 개선과
보호를 담당한다."

조직도

◇ 노동관계국의 조직도

| 경찰청장실 | ……………… | 수석 부청장실 | ………… | 노동관계국 |

노동 관련 상세내용

　뉴욕시 경찰청은 5개의 경찰 노동조합과 64개의 시민 근무자 노동조합이 있고, 이들은 55,000명 이상의 NYPD 구성원들을 대표하고 있다. 이는 NYPD를 뉴욕시에서 두 번째로 큰 고용주로 만들었다. 규모 면에서 조직화된 노동조합과 함께 조화를 이루는 일상적인 업무들은 방대한 업무이다. 수 만 명의 피고용인들은 수만 가지의 직장의 문제를 가지고 있고 각각의 문제를 해결하기 위해서는 각각의 고유한 접근방법이 필요하다. 이것이 노동관계국이 필요한 이유이다.

　1973년에 설립되어 이후 수 년 동안 뉴욕시의 최초의 단체협상 합의가 뉴욕시 노동자를 위해 이루어졌으며, 이때 노동관계국은 NYPD의 노동현장에서 단일의 결집된 목소리를 내었다. 노동관계국은 업무수행 규정의 변경을 도왔으며, 노동계약 협상을 지원하였으며, 분쟁을 중재하고 직장의 건강과 안전문제에 대한 가이드라인을 제공하였다. 노동관계국은 5개의 계급별 제복 노동조합의 연락관으로서 행동하였으며, 이들 5개의 노동조합은 순경, 형사, 경사, 경위 그리고 경감과 그 이상의 계급을 대표한다. 노동관계국은 이뿐 아니라 경찰청 내 시민 노동조합, 교통안전요원, 학교안전요원, 중요한 지원 기능에 배치된 다양한 구성원들의 연락관으로서 행동한다.

　존 번 노동관계국장은 "노동관계국은 일 년에 수천 건의 비공식 불만을 다룬다. 이것들은 구성원들이 불만에 대한 소송을 제기하기 위한 준비의 일환이다. 우리의 중요한 기능 중 하나는 NYPD 구성원들의 필요와 관심을 처리하는 것이며, 이것들이 불만이 되기 전에 갈등을 해결하도록 노력하는 것이다."라고 말했다.

노동관계국은 새로운 정책이 발효되었을 때 중요한 역할을 수행한다. 즉 가능한 노동계약상의 불만들을 예상하고 대비하는 것에 의해 정책의 부드러운 집행이 될 수 있도록 경찰청에 조언을 하는 역할을 수행하다. 새로운 정책수행에 관한 일반적인 가이드라인은 경찰청장으로부터 나오지만 복잡한 실행계획은 보통 노동관계국에서 나온다.

최근 몇 해 동안 노동관계국은 NYPD의 현장에서의 총기사용 규정을 강화하는 데 중요한 역할을 했다. 즉 순찰 경찰관 권익보호단체에서 제기한 공익 근무직원의 안전과 건강에 관한 불만사항을 해결하는 데 우리 국이 도움을 줌으로써 총기사용 규정을 강화할 수 있다. 이들의 협상의 결과로서 방탄조끼와 헬멧이 경찰차량에 배치되었다.

노동관계국은 바디 카메라 프로그램과 같이 잘 알려진 다양한 경찰활동 프로그램들이 잘 진행되도록 뒤에서 돕고 있다. 바디 카메라는 모든 계급과 팀의 경찰관들에게 영향을 미치기 때문에 노동관계국은 수개월에 걸쳐 이 문제를 협상했다. 즉 제복 경찰관 노동단체와 집행부와 바디 카메라의 본거지라 할 수 있는 지휘부의 구성원들과 협상했다. 노동관계국은 '바디 카메라에 관한 2013년 연방 법원 명령'을 실행 가능한 시험 프로그램으로 전환하여 기존의 근로 계약규정을 만족시키는 한편 시민들의 관점에서 본 경찰 책임성을 강화하는 데 중요한 역할을 했다.

24 형사사법국

"법집행부서가 수집한 증거를 수집, 관리하고
체포한 피의자를 기소인부법원으로 보내는
업무를 수행한다."

조직도

◇ 형사사법국의 조직도

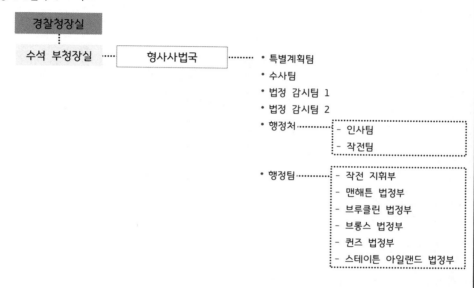

체포 후에 일어난 일

NYPD의 형사사법국은 뉴욕시의 형사사법 제도에 속한 수많은 기관들과 접촉하고 있는 경찰청의 작전담당 연락관임무를 수행한다. 2017년 NYPD의 형사사법국을 통해 진행된 체포 건수는 거의 150,000건이었다. 대부분의 뉴요커들은 체포 후에 따르는 절차와 이러한 체포절차 진행을 효율적으로 하기 위해 얼마나 많은 인력이 필요한 지는 잘 알지 못한다. 형사사법국은 1973년에 설립되었으며 700여 명의 요원들을 배치함으로써 NYPD의 모든 체포 과정을 안전하고, 신속하고, 효율적으로 진행하는 임무를 맡은 국이 되었다.

체포가 이루지고, 초기절차가 경찰서 또는 다른 부서 본부에서 진행된 후에, 수감자는 관할 지역의 형사법정에 출석하여 기소여부를 결정하는 절차의 일정이 잡힌다. 형사

<図 24-1 설명은 이미지 참조>

<그림 24-1> 체포에서 기소까지

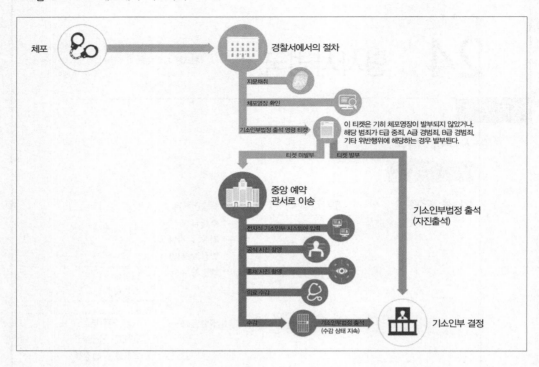

사법국은 기소여부를 결정하는 절차를 담당하는 법원의 업무를 처리하는 '법원부서'를 갖고 있다. 기소인부절차(검사의 기소를 인정할 것인가를 결정하는 전담 법원의 절차)가 진행되기 전, '치의자 중앙 집중시설'에는 수감자가 중앙 집중시설에 수감되어 있는 동안 형사사법국은 수감자에 대해 공식적인 사진을 촬영하고, 간단한 의학적 점검을 하며, 판사 앞에 보내질 때까지 수감자를 감시하는 임무를 수행한다. 동시에 형사사법국은 지역의 검사사무실, 법원행정 사무실 그리고 다른 형사사법기관들과도 협업한다. 이는 기소인부절차가 진행되기 위해 많은 행정적인 업무의 처리가 필요하기 때문이다.

    형사사법국은 형사사법제도 내에서 신속하고 효과적인 방법으로 수감자들의 절차를 진행하는 방법을 모색하고 있으며 이미 효율적으로 진행하고 있는 절차를 계속 발전시키고 있다. 2016년 우리 국은 뉴욕시 전역에서의 체포와 후속 절차의 처리시간을 낮추었다. 이러한 개선은 여러 관련 기관이 참여한 가운데 시장 직속 형사사법실이 개발한 '전자식 기소인부절차 제도'에 의해 가능하게 되었다.

    형사사법국의 부국장 개리 스트리벌은 "지속적으로 발전시킨 효율성 덕분에 형사 사법 시스템 내에서 여러 기관들과의 협력과 급부상하는 기술을 지렛대 삼아, 형사사법국은 뉴욕시 전체의 체포와 기소인부절차까지의 평균 소요시간을 2012년 24시간에서 현재 19시간까지 꾸준히 감소시켰다."고 말했다.

형사사법국은 사진과 지문을 포함해 용의자의 신원확인에 도움이 되는 자료의 수집에 책임이 있다. 최근 모든 '법정 출석 일정 예약 부서'에 새로운 홍채 기록 시스템을 설치했다. 이 시스템은 적외선 카메라를 사용해 수감자의 홍채의 고해상도 사진을 찍는다. 이 절차는 지문의 40에서 60개의 특징과 비교해, 홍채의 240개의 특징이 기록되는 그림의 형태를 갖고 있다. 형사사법국은 관련 경찰관들이 예정된 법정에 증인으로 출석하는 일을 돕는 '출석 조정팀'을 운영한다.

25 총괄국장실

"공권력을 집행하는 7개 국을 지휘, 감독하며, 가정폭력, 노숙자 지원부서를 운영한다."

조직도

◇ 총괄국장실의 조직도

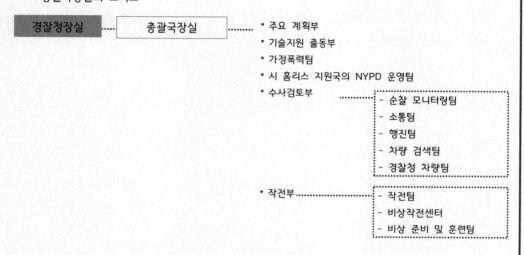

경찰청장실 → 총괄국장실
- 주요 계획부
- 기술지원 출동부
- 가정폭력팀
- 시 홈리스 지원국의 NYPD 운영팀
- 수사검토부
  - 순찰 모니터링팀
  - 소통팀
  - 행진팀
  - 차량 검색팀
  - 경찰청 차량팀
- 작전부
  - 작전팀
  - 비상작전센터
  - 비상 준비 및 훈련팀

공권력집행의 감독

NYPD 내에서 최고위 제복 공무원인 총괄국장은 법률을 집행하는 7개 국(순찰국, 형사국, 특수작전국, 주택국, 지하철국, 교통국, 지역협력국)에서 근무하는 4만 명이 넘는 제복 근무자와 시민 근무자를 지휘, 감독한다.

테렌스 모나한 총괄국장은 "우리는 방대하고 복잡한 임무를 NYPD 안에서 수행한다. 당신이 내 자리에서 근무해본다면 NYPD의 업무가 얼마나 방대한지 알 수 있을 것이다. 이웃순찰프로그램의 수행을 감독하는 업무, 일 년 내내 이루어지는 대규모 이벤트를 관리하는 업무, 지하철을 안전하게 유지하는 업무, 가정폭력으로부터 개별가정을 보호하는 업무, 복잡한 거리에서 교통을 소통시키는 업무, NYPD가 수행하는 4백만 건의 신고

사건에 출동하는 업무 등 우리는 방대한 업무를 처리하며, 우리가 순찰하는 거대한 도시에 어울리는 거대한 조직이다."라고 말했다.

경찰청 총괄국장실은 7개 국 외에 몇 개의 특수한 팀을 운영하는데, 이들은 광범위한 경찰작용을 위한 전문가와 전문지식과 감독 업무를 제공한다.

작전감독

총괄국장의 작전부는 수많은 행정 업무와 연락관 업무 외에 교통, 총격, 테러 공격, 자연재해와 같이 우발적으로 발생하는 사건들과 예정된 행사를 포함한 무수히 많은 사건들을 실시간으로 모니터하고 대응한다. 작전부는 NYPD의 정보 수집 및 전파의 센터로서 하루 24시간, 일주일에 7일 내내 업무를 수행하며, 이는 관련 부서들이 실시간으로 발생하는 사건들에 대해 대응할 수 있도록 돕는 것이 목적이다. 작전부는 주요사건에 인력과 장비를 배치하는 것을 조율한다. 이 부서는 '합동작전센터'(Joint Operation Center)를 운영한다. 이 합동작전센터는 예정된 행사와 우발적으로 발생하는 사건에 대응하기 위해 운영된다. 이 센터 내에는 대형 스크린들이 줄지어 설치되어 있는데, CCTV, 생방송 뉴스, 총격발생 지점 자동감지기 데이터, 자동차 번호판 판독기, 그 밖의 다른 감지기들의 데이터를 보여준다.

범죄와의 전쟁에 대한 기술 지원

총괄국의 '기술지원 출동팀(Technical Assistance Response Unit, TARU)'은 고도로 숙련된 인력들로 구성되어 있는데, 이들은 연방, 뉴욕주, 뉴욕시의 관련 부서들뿐 아니라 NYPD의 작전 팀들에 대한 기술 지원을 한다.

TARU는 뉴욕시의 5개 구역(보로우 Borough) 안에서 계획된 또는 계획되지 않은 주요 사건에 비상 업무팀과 함께 출동한다. TARU는 대규모 행사에 특수 비디오카메라를 배치하거나 수사에 필요한 비디오 증거물을 확보하는 일을 한다. 또한 주택국 전용 특수 비디오카메라를 관리하며, 위장카메라와 경보용 카메라, 감찰국, 수사국, 정보국을 위한 위장 감시활동 카메라를 설치하거나 수배자나 실종자의 전화를 추적하는 일이다.

TARU는 최근 핫스팟 프로젝트를 개발했다. 이 프로그램은 범죄현장에 카메라들을 신속히 배치하여 범죄 분석, 범죄 수사, 범죄 억제를 돕는다. 이 팀은 잠복근무자 안전 선발대를 운영한다. 이 선발팀은 업무에 특화된 녹화장비의 시장조사, 구매, 공급을 책임지고 있다. 또한 잠복근무자의 안전과 수사의 품질을 개선하기 위한 최신 기술을 채택하고 있다. TARU는 2016년 9월 발생한 첼시지역 수사에서 중요한 역할을 수행했다. 적극적인 피의자 신원확인 수사를 지원하는 데 지대한 공헌을 했으며, 두 개의 폭발물 장치를 설치한 범죄자의 비디오를 찾아 확보하기 위해 즉각적이고 체계적인 비디오 조사를 실시했다.

가정폭력과 싸우기

총괄국장의 가정폭력팀은 경찰관의 출동과 가정폭력사건 처리 절차를 개선하였으며, 이 모든 노력의 목표는 뉴욕시의 모든 가정을 안전하게 지키는 것이다. 가정폭력팀(DVU)은 시의 아동국, 노인국, 시장실의 가정폭력 대응팀, 시장실의 형사사법팀, NYPD의 부청장실인 협력업무국, 세이프 호라이즌과 같은 서비스 부서와 가정 보호 쉼터13, 유대인 단체의 노익복지팀 등과 함께 일한다. 가정폭력팀은 경찰서 단위의 가정폭력담당 경찰관과 함께 합동 현장지원활동에 참여하며, 이웃 조정 경찰관, 구역담당 전담 경찰관과도 위험에 노출될 수 있는 배우자와 어린이, 가족이 자신들을 지원할 경찰관들을 알 수 있도록 현장에서 활동한다.

가정폭력 통계 회의는 DOMSTAT 회의로 알려졌는데 이는 총괄국의 가정폭력팀의 간부가 회의를 주재한다. 이 회의는 매달 개최된다. 순찰국의 지역본부 소속 지휘부와 가정폭력 프로그램 감독자들과 경찰서의 경찰관들과 주택국과 형사국의 수사팀들이 가정폭력사건의 대응 문제를 논의하기 위해 참여한다. 가정폭력팀들과 수사팀들의 통계분석과 사례 검토는 매주 이루어지며 이 정보는 매년 가정폭력으로 의심되는 28만 건 이상의 신고와 보고서에 대한 NYPD의 전반적인 대응방법을 개선하기 위해 열리는 DOMSTAT에서 사용된다.

거리 노숙자들 보호하기

길거리에서 사는 홈리스의 숫자를 줄이기 위해 그리고 홈리스 쉼터의 안전을 개선하기 위한 노력으로 총괄국장은 2017년 4월 뉴욕시의 '홈리스 서비스국'에 NTYPD 운영팀을 설립하였다. NYPD 총괄국 부국장에 의해 운영되는 이 팀은 뉴욕시의 홈리스 서비스국과 쉼터 제공자들, 뉴욕시의 소셜 서비스국, 인력행정국과 긴밀하게 협력하여 전 도시에 걸쳐 흩어져 있는 쉼터에서의 운영과 관리를 담당하는 뉴욕시 홈리스 서비스국의 순찰활동을 돕는다.

이러한 NYPD의 관여 이후 시의 홈리스 서비스국 내에서 근무하는 NYPD 관리팀은

---

13   뉴욕시가 제공하는 프로그램으로서, 가정폭력 피해가정의 구성원 전체가 사용할 수 있는 크기의 주택을 뉴욕시가 이들에게 제공한다. 뉴욕시는 외부인의 접근이 차단된 보안 강화 주택단지를 운영한다.

홈리스 쉼터의 안전점검을 철저하게 실시하고 있다. 이러한 활동은 쉼터 내에서의 범죄와의 전쟁 전략을 수행하는 데 지원과 전문적 지식을 제공하고 있으며, 쉼터 내에서의 형사사건이 발생했을 때 수사지원을 제공하고 범죄행위를 예방하며 안전을 극대화하기 위한 적합한 인력수준을 제공하고 있다. 시의 홈리스 서비스국 내에서 근무하는 NYPD 운영팀은 뉴욕시 홈리스 서비스국 소속 순찰 공무원들을 위한 훈련을 개발하고 규정을 만들어 안전한 근무환경을 만드는 것을 돕고 있다.

수사 검토

수사검토부는 총괄국장실 소속의 부서로서 5개의 산하 팀을 갖고 있다. 동 부서의 순찰 모니터팀은 순찰업무부서의 근무자들을 무작위로 방문하여 조사한다. 또한 그들이 적합한 방법을 사용하는지, 시기적절하게 현장에 출동하는지, 전문적인 방법으로 행동하는지 등을 조사한다. 행사 참가자 1,000명 이상이 참여하는 거리행진 행사 시행사가 NYPD로부터 허가를 받는 절차를 담당하는 퍼레이드팀이 업무를 진행하는 동안 차량 조회팀은 다양한 종류의 주차허가를 발부하는 임무를 맡고 있다. 부서소환팀은 시의 재정국과 연락업무를 수행하는 경찰청의 연락관팀이다. 이 팀은 모든 소환에 대한 취소장과 소환 이의 제기 업무를 수행한다.

수사검토부의 소통팀은 경찰청 내부의 모든 팀에 의해 진행되는 수사를 조정하는 임무를 맡고 있다. 경찰청 감찰국과 정보화 기술국과 함께 업무를 수행하는 이 부서는 새로운 ICE-T 컴퓨터 시스템을 2018년에 시행했다. 이 컴퓨터 시스템은 감찰국의 ICS 컴퓨터 시스템의 한 하위 분류이며 이 ICS 컴퓨터 시스템은 모든 감찰국 민원과 소청내용을 처리해 왔다. 이 새롭고 개선된 ICE-T 시스템은 모든 비리의 처리절차에 사용되고 있으며, 수사의 외부 가이드라인을 위해 사용되고 있다. 이 시스템은 절차를 효율화하였으며, 서류로 작성하는 수사에서 부족한 면을 줄였다. 이 시스템의 시행은 연방 감독부서와 내부 수사감독 부서의 권고사항에 맞추도록 부서를 돕고 있다.

26 순찰국

"8개의 순찰 지역본부와 지역본부 산하 77개의
경찰서를 운영하며, 순찰업무를 지휘, 감독한다."

조직도

◇ 순찰국의 조직도

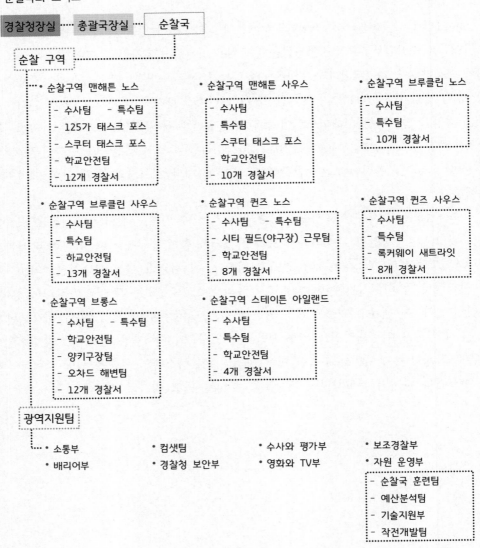

```
경찰청장실 ···· 총괄국장실 ···· 순찰국
```

순찰 구역

- **순찰구역 맨해튼 노스**
  - 수사팀   - 특수팀
  - 125가 태스크 포스
  - 스쿠터 태스크 포스
  - 학교안전팀
  - 12개 경찰서

- **순찰구역 맨해튼 사우스**
  - 수사팀
  - 특수팀
  - 스쿠터 태스크 포스
  - 학교안전팀
  - 10개 경찰서

- **순찰구역 브루클린 노스**
  - 수사팀
  - 특수팀
  - 10개 경찰서

- **순찰구역 브루클린 사우스**
  - 수사팀
  - 특수팀
  - 하교안전팀
  - 13개 경찰서

- **순찰구역 퀸즈 노스**
  - 수사팀   - 특수팀
  - 시티 필드(야구장) 근무팀
  - 학교안전팀
  - 8개 경찰서

- **순찰구역 퀸즈 사우스**
  - 수사팀
  - 특수팀
  - 록커웨이 새트라잇
  - 8개 경찰서

- **순찰구역 브롱스**
  - 수사팀   - 특수팀
  - 학교안전팀
  - 양키구장팀
  - 오차드 해변팀
  - 12개 경찰서

- **순찰구역 스테이튼 아일랜드**
  - 수사팀
  - 특수팀
  - 학교안전팀
  - 4개 경찰서

광역지원팀

- 소통부
- 배리어부
- 컴샛팀
- 경찰청 보안부
- 수사와 평가부
- 영화와 TV부
- 보조경찰부
- 자원 운영부
  - 순찰국 훈련팀
  - 예산분석팀
  - 기술지원부
  - 작전개발팀

경찰청의 심장

　　1845년 뉴욕시 경찰청의 창립 이후로 순찰국은 어떤 형태로든 NYPD의 중심에 있어 왔다. 미국에서 인구가 가장 밀집된 도시인 유욕에는 854만 명의 사람이 거주하고 있고 도시 외곽으로부터 매일 60만 명의 통근자가 들어오고 하루에 100만 명의 관광객이 찾는다. 순찰국은 범죄와 무질서와 싸우는 방어 라인의 최전선이다. 이 국은 1만 7천 명의 경찰관을 운용하고 있으며 이는 경찰청의 제복 경찰관의 거의 절반이다. 또한 1,400명의 시민 근무자가 있다. 이 국은 77개 경찰서를 감독하며 이 경찰서들은 8개의 보로우 단위의 순찰본부에 소속되어 있다. 지역 순찰본부의 이름은 맨해튼 남부, 맨해튼 북부, 브롱스, 브루클린 남부, 브루클린 북부, 퀸즈 남부, 퀸즈 북부, 그리고 스테이튼 섬이다.

　　각 경찰서는 지리적인 구역 안에서 출동요청 전화에 응하고 있으며, 거주자와 근무자와 방문자들의 안전을 책임지고 있다. 순찰 중인 경찰관은 법을 집행하며 평온을 유지하며 두려움을 감소시키고 있다. 지난 25년 넘게 그들의 지칠 줄 모르는 업무 수행 덕분에 뉴욕시는 범죄에 있어 극적인 감소를 보아 왔다. 이로 인해 뉴욕은 오늘날 살고 일하고 방문하고 가족을 유지하고 밤에 밖에 나가기에 매우 안전한 장소가 되었다.

보호와 연결

　　순찰국은 오늘날 NYPD의 초석이 되는 임무를 수행한다. 이웃 순찰 제도는 광범위한 범죄와의 전쟁 전략이며 지역 경찰관과 지역사회 주민과의 개선된 소통과 협력 위에 수립된 것이다. 이러한 목표들을 달성하고 효과적인 순찰을 위한 새로운 기준을 마련하기 위해 NYPD 순찰국은 체계적으로 순찰 모델과 방법들을 재구성하였다.

　　지난 수십 년 동안 NYPD지휘부는 순찰 경찰관들에게 지역사회의 사람들과 보다 강한 유대감을 형성하도록 요구했다. 그러나 경찰서의 인력배치 구조를 고려할 때 경찰관들이 진정으로 지역사회에 깊이 들어가기에는 시간과 기회가 부족하다. 어느 경찰서든 최소한 절반 정도의 경찰관들이 911 신고전화의 지속적인 폭주에 출동했다. 이 신고는 경찰서 관내에서 근무하는 거의 모든 경찰관들이 동원되며 어떤 곳의 특정한 이웃에 오랫동안 집중할 수 없었으며 지역 주민들을 잘 알 수도 없게 되었다. 경찰관들은 지역을 옮겨가며 업무를 수행하고 지역을 안전하게 유지하려 하며 그들이 할 수 있는 한 최선을 다하려 했다. 경찰서 인력의 나머지는 행정역할과 특수 경찰임무를 수행하며 마약과 관련 거친 업무를 수행했다. 순찰 경찰관들이 신고에서 신고로 계속 움직여야 하기 때문에 지역사회의 사람들과 소원한 관계를 유지하는 경향이 있었다.

로드니 해리슨 순찰국장은 "우리는 변화가 필요한 것들을 알고 있었으며, 우리는 더 잘할 수 있다는 것을 알고 있다. 그러나 우리가 원하는 곳으로 나아가기 위해 우리는 순찰을 처음부터 끝까지 재정립하였다."라고 말했다. 경찰청은 2015년 봄부터 이웃순찰을 시작하였으며 이는 2019년까지 모든 경찰서에 적용할 계획이다. 이웃순찰은 NYPD의 범죄와의 전쟁 능력을 감소하지 않고, 심지어 개선하면서 지역사회와의 연결과 개입을 급격히 증가시켰다. 지난 2년간 매일 좋은 결과를 얻었다.

'이웃 순찰 제도'는 경찰서를 충분한 경찰관으로 채워진 4~5개 구역으로 나누었으며 이 구역들은 실제 이웃으로 구성된 지역에 맞게 구획되어 경찰관들이 가능한 한 많이 출동하고 협력하는 여건을 만들었다. 1개 경찰서에 3개의 소대(Platoon) 또는 팀(Team)의 근무조들은 매번 동일 근무조가 동일 구역에서 배치되며 지역의 주민들이나 지역의 문제에 더욱 친숙해지고 있다. 무전 지령에 따라 현장에 출동하는 경찰관들과 감독자들과 지역에서 순찰근무하는 경찰관들이 단일 구역에서 함께 근무하며 구역의 안전성을 확보하기 위해 일하고 있다. 구역 근무자들과 차량들은 비상상황을 제외하고는 그들에게 배정된 섹터를 떠나지 않는다.

<그림 26-1> 제9경찰서 구역 나누기

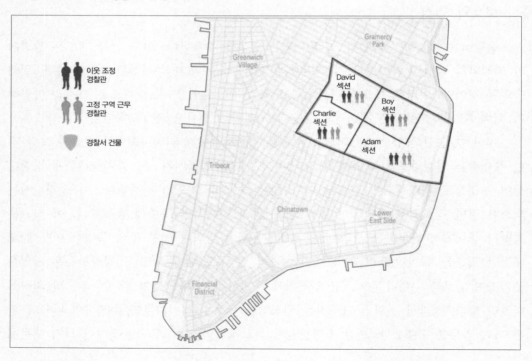

구역의 1개 팀이 그들의 순찰 근무시간을 마친 후 해당 지역에 대한 같은 지식과 의견을 갖고 있는 다른 팀과 교대한다. 언제든지 모든 특정 구역에는 전담 구역 경찰관이 최소한 2명이 있으며, 최종적으로 모든 시내의 구역이 이와 같이 될 것이다. 이웃 순찰제도는 구역 경찰관들에게 무전기를 끄고 근무하는 시간을 허용한다. 그러므로 그들은 오프 라디오 타임(Off-Radio Time)에는 사건 신고에 대해 출동할 필요가 없다. 그들의 오프 라디오 타임은 이웃 거주자들과 만나는 시간에 사용되거나 문제를 파악하거나 해결하는 데 사용된다. 구역 경찰관들은 그들의 8시간의 근무시간의 33% 또는 약 2시간 20분의 시간을 '오프 라디오' 상태에서 지역에 기초하여 적극적으로 문제를 해결한다. 이웃 순찰제도로 인해 지역 경찰관 또는 신고에 출동하는 경찰관들이 독립적으로 근무하는 경우는 없다. 구역 경찰관은 지역을 잘 알고 있고 경찰업무를 전반적으로 제공하는 일반 경찰관으로서 근무한다.

구역 경찰관들을 지원하는 일은 이웃 조정 경찰관(Neighborhood Coordination Officer, NCO)으로 불리는 전담 경찰관 2명이 한다. NCO는 경찰과 지역사회 사이에서 연락관 임무를 수행한다. 그뿐만 아니라 그들은 범죄와의 전쟁에서 중심역할을 하며 구역에서 문제 해결자이다 그들은 근무시간을 지역사회와 친해지는 데 사용하는데 이는 지역에 특성화된 범죄 또는 환경에 더 잘 대응하기 위한 것이다.

NCO들은 지역사회의 모임에 지역의 지도자들과 지역사회 공무원들과 함께 참석하며 학교를 방문하고 발생한 사건들을 추적 확인한다. 또한 범죄 및 그 밖의 다른 여러 가지 문제들과 싸우기 위해 창의적인 기술과 적합한 기법을 활용한다.

NCO들은 지역사회 주민들과 주민들의 복지와 안전을 위해 책임을 공유하는 것에 관한 대화에 참여한다. NCO는 이상적인 중간 지대에 있으며 시민의 눈으로 경찰조직에게 책임감을 부여한다. 한편으로는 신속하고 효과적이며 협력적인 방법으로 범죄와 싸우고 있다. NCO는 NYPD의 범죄와의 전쟁 능력에 새로운 차원을 제공하고 있다. 그들은 기초 수사 교육과정을 이수하였으며 그들은 지역의 수사팀과 협력하며 발생한 사건현장에 신속히 출동하며 과거 순찰제도하에서 놓쳤을지 모른 증거와 단서들에 대해 다시 시도하고 있다. 가장 중요한 것은 구역 경찰관들과 NCO들은 지역과 주민들에 대해 주인의식을 갖고 있으며 지역적인 책임감을 갖고 있어서 지역을 안전하게 유지하는 일이라며 어떠한 희생을 치루고라도 하겠다는 의지를 갖게 되었다.

이웃 순찰 사례 연구

2017년 2월 맨해튼 제9경찰서에서 이웃 조정경찰관인 호아킨 세풀베다와 파올라 러

셀은 자기 구역의 지역회의에 참석했는데 고민 중인 한 지역 주민이 NCO들에게 그 지역에서의 마약 거래에 대해 이야기했다. 경찰관 세풀베다는 지역 정보형사인 경사 애론 존슨과 조원인 션 도노휴와 안토니오 아로요 형사에게 이 사실을 알렸다. 그들은 함께 일하며 수사를 시작하는 것으로 관련 정보를 추적했으며 결국 마약상을 검거하기에 이르렀으며 검거장소는 앞서 지역회의를 열었던 같은 블록의 한 빌딩이었다. 위반자는 통제 물질의 위법 판매로 기소되었다. 비록 이 사건은 중요한 체포이기는 하지만 이 위반자는 거대한 연못의 작은 물고기에 불과하다.

이후 몇 달 동안 NCO와 현장 정보 경찰관(Field Intelligence Officer, FIO)은 함께 일하며 마약 공급자－보다 큰 물고기－에 관한 정보를 모으며 계획을 수립해 시행했고 마약 공급자와 주변지역에 대해 믿을 만한 정보원과 수많은 감시활동을 통해 하였다.

맨해튼 구역의 검사실의 지원을 통해 우리 팀들은 위의 NCO 구역의 같은 블록에 위치한 한 주거지역에 대한 수색영장을 얻었다. 2017년 10월 NCO와 FIO들은 비상업무팀의 도움을 받아 영장을 집행했다. 마약 공급자가 체포되었으며 그들은 기소되어 673개의 헤로인 품목과 세 개의 코카인 봉지와 대마초 3파운드와 다양한 마약 포장지와 마약 기구들과 4개의 접이식 칼과 전자 충격기가 발견되었다.

뉴욕시내에 광범위하게 퍼져있고 피해가 큰 오피오이드 약물이 확산 중에 있는 도시에서 지역회의에 참석한, 지역주민 한 명의 작은 정보 하나가 제9경찰서의 NCO에 전해져 위험한 마약 공급자를 제거하였다. 이런 종류의 정보의 흐름은 지역사회와 그들의 경찰관들 사이에 보다 일상적인 일이 되었으며 경찰관과 지역사회가 지역 안전을 위해 책임을 어떻게 공유하는가에 대한 표시가 되었다.

2017년 1월 브롱스의 제52경찰서에서 한 이웃 순찰 조정 경찰관이 비번으로 쉬는 중 경찰서에서 지급한 스마트폰으로 전화 한 통을 받았다. 그는 자신의 구역에서 건물을 임대하는 건물주였다. 앞서 몇 번의 만남을 통해 경찰관은 건물주와 업무적인 친밀감을 형성하였으며 그의 경찰부서의 전화번호를 알려주었다. 이웃 순찰 제도는 지역의 안전에 경찰관의 개입을 지원하고 있으며 그들의 전화번호와 이메일 주소를 지역사회 구성원들과 공유하고 있고 심지어 근무시간 외에도 그들은 여전히 개입하고 관여한다.

건물주는 그의 세입자 중 한명이 폭행을 당했으며 너무 겁을 먹어서 범죄를 신고하지 못하고 있다고 전화했다. 이는 성폭력 사건에서 특별한 것이 아니다. 이 경찰관은 즉시 반응했으며 그의 파트너이며 그 시간에 근무 중인 NCO 동료인 타라 컨베리에게 전화했다. 컨베리 경찰관은 인접 구역의 NCO인 폴 화이트와 또 다른 인접 구역의 브랜단 맥머로우 NCO 요원을 불러 현장에 즉시 도착했다.

이 경찰관들은 피해자를 인터뷰했으며 용의자의 세부사항을 확보했다. 그리고 해당 지역을 순찰했다. 그 팀은 그 빌딩의 옥상에서 한 명과 마주쳤으며 피해자가 제공한 세부사항과 일치했고 피해자의 확인을 거쳐 그를 체포했으며 그에게 성폭행 혐의로 입건했다. 신속한 응답으로 추가적인 피해를 줄 수 있었던 위반자를 체포할 수 있었다.

2017년 12월 브루클린의 제75경찰서의 구역 경찰관인 다니엘 스테이저와 피터 모랄레스가 지역의 이삿짐 회사의 사장으로부터 제기된 몇 민원의 원인을 추적하고 있었다. 이는 회사 트럭에 반복적으로 침입하는 절도에 관한 것이었다. 구역 근무 경찰관들이 해당 회사에 방문했으며 그곳에서 밴 차량이 창문이 부서지고 한 용의자가 내부에 있는 것을 발견했다. 용의자는 침입용 공구를 갖고 있었다. 그 남자는 체포되었으며 이후 피해 회사의 연속된 절도 피해가 없어졌다. 경찰관들은 지역사회의 민원을 청취할 시간이 있으며, 헌신으로 민원들을 추적하여 사건을 마무리한다. 이는 매일, 전 도시에 걸쳐 모든 구역에서 일어나는 일이다.

위와 같은 이웃 순찰제도의 성공 스토리는 뉴욕 전역의 모든 구역과 경찰서와 보로우에서 발생한다. 이웃 순찰 제도를 통해 그리고 관심 있는 시민들의 도움을 통해 NCO들과 구역 경찰관들은 경찰관과 지역사회의 간극을 메우고 있으며 뉴욕시의 모든 지역사회를 안전하게 유지하는 일을 계속하고 있다.

C/H/A/P/T/E/R

27 형사국

"8개의 형사 지역본부와 성범죄 피해자팀, 풍속단속팀
등을 운영하며, 형사업무를 지휘, 감독한다."

조직도

◇ 형사국의 조직도

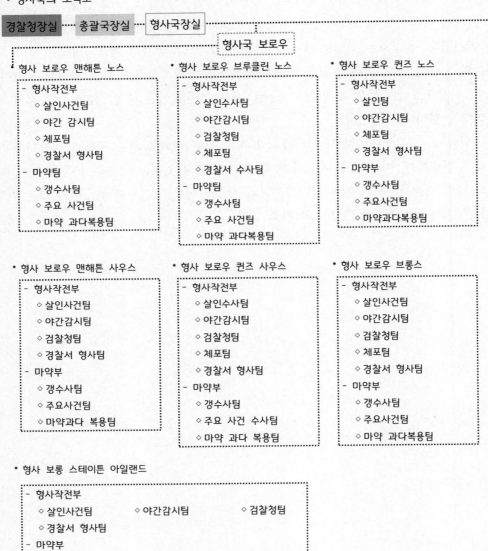

경찰청장실 ···· 총괄국장실 ···· 형사국장실

형사국 보로우

• 형사 보로우 맨해튼 노스
- 형사작전부
  ◇ 살인사건팀
  ◇ 야간 감시팀
  ◇ 체포팀
  ◇ 경찰서 형사팀
- 마약팀
  ◇ 갱수사팀
  ◇ 주요 사건팀
  ◇ 마약 과다복용팀

• 형사 보로우 브루클린 노스
- 형사작전부
  ◇ 살인수사팀
  ◇ 야간감시팀
  ◇ 검찰청팀
  ◇ 체포팀
  ◇ 경찰서 수사팀
- 마약팀
  ◇ 갱수사팀
  ◇ 주요 사건팀
  ◇ 마약 과다복용팀

• 형사 보로우 퀸즈 노스
- 형사작전부
  ◇ 살인팀
  ◇ 야간감시팀
  ◇ 체포팀
  ◇ 경찰서 형사팀
- 마약부
  ◇ 갱수사팀
  ◇ 주요사건팀
  ◇ 마약과다복용팀

• 형사 보로우 맨해튼 사우스
- 형사작전부
  ◇ 살인사건팀
  ◇ 야간감시팀
  ◇ 검찰청팀
  ◇ 경찰서 형사팀
- 마약부
  ◇ 갱수사팀
  ◇ 주요사건팀
  ◇ 마약과다 복용팀

• 형사 보로우 퀸즈 사우스
- 형사작전부
  ◇ 살인수사팀
  ◇ 야간감시팀
  ◇ 검찰청팀
  ◇ 체포팀
  ◇ 경찰서 형사팀
- 마약부
  ◇ 갱수사팀
  ◇ 주요 사건 수사팀
  ◇ 마약 과다 복용팀

• 형사 보로우 브롱스
- 형사작전부
  ◇ 살인사건팀
  ◇ 야간감시팀
  ◇ 검찰청팀
  ◇ 체포팀
  ◇ 경찰서 형사팀
- 마약부
  ◇ 갱수사팀
  ◇ 주요사건팀
  ◇ 마약 과다복용팀

• 형사 보롱 스테이튼 아일랜드
- 형사작전부
  ◇ 살인사건팀   ◇ 야간감시팀   ◇ 검찰청팀
  ◇ 경찰서 형사팀
- 마약부
  ◇ 갱수사팀   ◇ 주요 사건팀   ◇ 마약 복용팀

```
                                    ┌─────────────────┐
                                    │     형사부       │
                                    └─────────────────┘
```

• 형사국장실 수사팀
• 중앙수사부

┌───┐
│ - 인사   - 자원배부팀   - 수사연락관팀 │
│ - 정보분석팀   - 훈련팀   - 사진팀   │
│ - 범죄방지팀   - 행정   - 광역갱분석팀 │
│ - NITRO 팀   - 수사지원부   │
│ - 실시간범죄센터   │
│   ◇ 수사지원   ◇ 안면인식부   ◇ 청소년범죄부 │
│   ◇ 소셜미디어 분석 및 조사팀   │
└───┘

• 범죄기업팀

┌───┐
│ - 마약단속 태스크포스 - 공격부대 - 자동차범죄 │
│ - 마약탐지견 - 자산압류팀   - 경찰청부   │
│ - 범죄기업 수사부   │
│   ◇ 합동 조직범죄 태스크포스   │
│   ◇ 자금세탁수사팀   ◇ 기업 인테그러티 임무팀 │
│   ◇ 사기분쟁 수사팀   │
│   ◇ 강력 마약 거래지역 태스크포스   │
└───┘

• 특수피해자부

┌──────────────────────────┐
│ - 특수피해자팀   │
│ - 아동학대팀   │
│ - 증오범죄 태스크 포스   │
│ - 특수 피해자 연락관팀   │
│ - 성범죄자 감시팀   │
│ - 특수피해자부 야간근무팀 │
│ - 특수 피해자 데이터 분석 그룹 │
│ - 지하철 특수 피해자팀   │
│ - DNA 장기 미제팀   │
│ - 신속 대응 추적팀   │
│   ◇ 성범죄 핫라인   │
└──────────────────────────┘

• 중앙 강도부

┌──────────────────┐
│ - 지하철부   │
│ - 택시부   │
│ - 지하철 특수수사팀 │
└──────────────────┘

• 도망자 단속부

┌──────────────────┐
│ - 영장부   │
│ - 청소년 범죄부 │
└──────────────────┘

• 뉴욕 카운티 검찰청팀

• 풍속행위 단속부

┌──────────────────────────────────┐
│ - 행정팀   │
│ - 풍속행위단속 구역1(브롱스/맨해튼) │
│   ◇ 풍속행위 단속팀   │
│ - 풍속행위단속 구역2(브루클린/퀸즈/ │
│   스테이튼 아일랜드)   │
│   ◇ 풍속행위 단속팀   │
│ - 주요사건부   │
│   ◇ 인신매매팀   │
│   ◇ 풍속 주요사건팀   │
│   ◇ 광역 클럽팀1(BX/MN)   │
│   ◇ 광역 클럽팀2(BK/QS/SI)   │
└──────────────────────────────────┘

• 특수 수사부

┌──┐
│ - 장기미제사건팀 - 실종자팀 - 컴퓨터범죄팀 │
│ - 화재와 폭발   │
│ - 주요사건팀   │
│   ◇ 합동 은행강도 태스크 포스   ◇ 수사부서팀 │
│   ◇ 동물잔혹범죄 수사팀   ◇ 인질협상팀   │
└──┘

• 과학수사부

┌──┐
│ - 범죄현장팀 - 잠재 프린트부 - OCME 연락관팀 │
│ - 경찰 연구소   │
│   ◇ 품질 보장부   ◇ 통제물질부석부 ◇ 총기분석부 │
│   ◇ 형사범죄학부 ◇ 증거 통제 및 보안부 │
│   ◇ 사건 관리와 전문지식 개발부   │
└──┘

• 총기범죄 진압부

┌──┐
│ - 안전도시 - 연합 총기 태스크 포스 - 폭력 감속 태스크 포스 │
│ - 총기 상습범 수사프로그램 - 총기 보강팀 - 총기 기소팀 │
│ - 분석팀   │
│ - 총기 진압부   │
│   ◇ 총기 수사팀 ◇ 방아쇠 잠금팀 ◇ 총기소지 위반자 감시팀 │
└──┘

• 대형 철도부

┌──────────────────────────────────┐
│ - NYPD/FBI 재정범죄 태스크 포스   │
│ - 대형절도팀 - 정보팀   │
│ - 재정범죄 태스크 포스   │
│   ◇ 개인정보 절도팀 ◇ 조직범죄팀 │
│   ◇ 특수사기팀 ◇ 서류위조팀   │
└──────────────────────────────────┘

세계에서 가장 위대한 형사들

뉴욕시 경찰청은 세계에서 가장 훌륭한 형사들의 고향이라고 알려져 있다. 경찰청 수사국의 뿌리는 1870년까지 거슬러 올라간다. 제임스 존슨은 당시 최초의 형사국장이 되었으며 최초로 형사 홍장을 도입해 배포했다. 1882년 토마스 번스 경감이 형사국을 세 웠으며 이는 중앙집권적인 형사기능을 수행하는 단일 지휘계통을 갖고 있다.

오늘날 형사국의 5,700명 이상의 경찰관들이 뉴욕시의 5개 구역(보로우)에 걸쳐 범죄 에 대한 예방과 수사에 헌신하고 있다. 2016년 3월 NYPD는 통합된 수사 모델을 구축하 였다. 그 결과 수사국과 조직범죄 통제국(Organized Crime Control Bureau, OCCB)이 통합되 었으며 형사국장 아래 모든 수사 관련 지휘가 통합되었다.

형사국은 현재 지역에 기초한 8개의 '형사 보로우 지휘부'를 갖고 있다. 이는 8개의 지역 순찰 본부와 균형을 맞춘 것이고 10개의 특수부를 갖고 있는데 이들 각 부서는 고 유의 특수 목적과 책임을 갖고 운영된다. 이 8개의 보로우 지역 지휘부와 10개의 특수부 는 함께 일한다. 이들 부서들은 기능이 통합된 이후 수사 중인 범죄 조직과 갱들에 관한 300개 이상의 장기 사건들을 다루고 있다. 이들의 수사는 이웃 순찰에 중요한 지원을 하 고 있으며 도시전역에 걸쳐 진행되고 있다. 성공적인 수사는 살인과 총격사건이 급격히 줄어든 중요한 이유이다. 살인사건은 1951년 이래 최저수준으로 떨어졌으며 총격사건도 기록된 것 중 최저 수준으로 떨어졌다.

로버트 보이스 형사국장은 "형사국의 수사관들은 경험이 많고 헌신적인 전문가들의 특수한 그룹이다. 이들은 형사국에서 수년간 일했으며 조직범죄 통제국에서 옮겨온 경찰 관들이다. 그들은 단지 수사기법의 능숙한 실행자일 뿐만 아니라 많은 사건에서 수사기 법의 개발자들이다. 나는 그들이 과거 수년 동안 갱들을 수사했고 폭력을 방지해온 그들 의 업적에 자랑스럽다."라고 말했다.

오피오이드[14] 위기와의 전쟁

뉴욕시에서 현재 한 시간당 평균 한 건 이상의 헤로인과 오피오이드 과다복용 사건 의 신고가 접수된다. 형사국은 오피오이드 유행이 가정과 이웃에 악영향을 계속적으로 미치는 피해를 제한하기 위해 분투하고 있다. 형사국은 지역사회 그룹과 다른 기관과 시

---

14   Opioid, 아편과 비슷한 작용을 하는 합성마약.

민단체들과 피해자 가정과 협력하며 문제지역을 발견하고 광범위한 전략을 개발한다. 수사관들은 대부분의 오피오이드 사용자들을 용의자 보다는 피해자로 여겨 대응하고 있으며 피해자의 의지를 증가시켜 과다복용을 일으키는 약물의 공급에 관한 정보를 제공하도록 하고 있고, 그들이나 다른 누군가가 의학적인 도움이 필요할 때 체포의 두려움 없이 911에 신고하도록 만들고 있다.

헤로인 과다복용팀은 5개의 모든 보로우에서 치명적이거나 치명적이지 않은 경우나 가리지 않고 약물복용에 출동하여 가려져 있는 치명적인 오피오이드의 공급의 원천과 공급망을 수사하고 있다. 치명적인 약물과다 복용의 현장은 범죄현장으로 다루고 있다. 그리고 관련 마약들은 개별적으로 분석된다. 치명적이고 최근 유행하는 펜타닐은 헤로인보다 잠재적인 중독성이 25~50% 더 강력한 마약으로, 이에 노출되는 사람들을 보호하기 위해 형사국은 더 이상 현장에서 마약테스트를 하지 않고 형사들을 훈련시켜 나르칸, 즉 오피오이드 효과 차단제의 사용을 통해 펜타닐과 다른 오피오이드의 효과를 임시로 반전시키고 의학적 지원이 가능하도록 하고 있다.

형사국 보로우 본부

새로운 형사국 구조하에서는 8개의 지리적 형사 보로우 본부의 책임자들은 경찰서에 있는 지역 형사팀과 보로우 본부에 있는 광역 강력팀과 야간근무팀을 감독할 뿐만 아니라 마약부, 인신매매 등 풍속행위 단속팀, 갱단속팀 등 이전에 조직범죄통제국에 속했던 조직들도 감독한다. 이 수사국의 지역에 산재한 여러 부서들의 협력은 특별히 갱 사건에서 지역 수사의 목표 정하기, 우선순위 정하기, 효율화하기 등을 개선했다.

경찰서 형사팀은 주로 경위(Lieutenant)에 의해 지휘되며 77개 순찰 경찰서 구역에 배정되어 근무한다. 이들 팀은 NYPD의 기초적인 수사팀이며 이들 형사들은 순찰근무 경찰관들과 긴밀하게 협력하며 수사하고 문제를 해결하고 지역 범죄를 예방한다. 이웃 순찰제의 도입으로 이들 형사들은 경찰서의 구역을 책임지고 있는 이웃 조정 경찰관(NCO)과 구역에 고정으로 배치된 순찰 경찰관들과 함께 협력한다. 형사들은 지역 순찰팀들과 소통하며 이들은 비디오 증거와 범죄현장이 보존과 목격자의 인적사항을 얻는 데 도움을 준다. NCO들은 그들의 지역사회 접촉 정보를 활용하여 보다 좋은 정보를 확보하며 범죄에 대한 민원을 신속히 추적하며 그들이 배운 것을 형사들에게 전달한다. 이것은 전반적인 수사 진행절차를 신속하게 하고 정확하게 하는 협력관계의 모범이 되었다.

형사국의 부국장인 패트릭 콘리는 "우리가 발전시키는 것은 지역단위의 빈틈없는 팀워크이다. 정보와 협력의 질이 지속적으로 개선되고 있는데, 이는 지역 주민들로부터

NCO와 구역 순찰 경찰관과 경찰서 배속 형사에게 또한 필요하다면 갱과 마약과 같은 특수 수사팀으로 흐르는 정보를 통해 이루어지는 것이다. 최근의 수사정보의 질은 전례가 없이 우수하다. 이는 정보기술의 발전과 함께 보다 성공적인 범죄 통제에 이르게 될 것이다."라고 말했다.

살인사건팀은 각 형사 보로우 본부에 소속되어 있으며 살인, 중상해, 총기가 관련된 사건들을 경찰서 수사팀과 함께 수사한다. 마약부 형사들도 각 형사 보로우 본부에서 마약 조직을 없애기 위해 일하며 다른 수사팀과 순찰 경찰관과도 협력한다. 갱 수사팀은 각 보로우 본부에서 일하며 갱 소속 멤버들을 확인하며 이러한 업무는 경찰서 형사과 순찰 경찰관과 지역사회 그룹과 지역의 학교의 직원들과 협력하여 이루어진다. 또한 소셜 미디어를 면밀히 관찰하여 이루어진다. 마약과 갱의 수사관들은 실제적인 정보와 특정화된 강제집행과 연방과 지역의 검찰청과의 협력을 통해 조직 범죄그룹을 해체한다. 모든 사건에서 경찰서의 형사팀은 갱 조직을 장기간 수사하는 특수 팀에게 정보의 소중한 자산이다.

보이스 형사국장은 "갱 단속은 매우 중요하다. 지역 주민에게 발생할 수 있는 가장 나쁜 것은 길거리 폭력 갱이다. 우리는 이들 사건들에 수사를 진행하고 이들 갱들을 해체한다. 그러므로 어린이들이 그들에 의해 희생되거나 갱 집단에 가입해야 하는 두려움 없이 매일 학교에 갈 수 있어야 한다."라고 말했다.

특수부서들

형사국의 10개의 각 특수 부서들은 그것 자신의 특수한 목표와 책무가 있다. 이들 10개 특수부들과 그들의 다양한 전문성은 형사부가 마주쳐야 하는 범죄 활동의 다양한 형태와 대도시에서의 수사의 복잡성을 보여준다.

중앙 수사부는 형사국을 위한 수많은 사건들에 대한 검토와 지원기능을 수행한다. 즉 훈련, 자원배분, 정보분석, 살인사건 분석 등이다. 형사국의 '실시간 범죄센터'(Real Time Crime Center)는 중앙에 집중된 수사지원센터이다. 이는 최신기술을 사용하고 있으며 안면인식과 다양한 분석 소프트웨어를 연결하는 기법을 활용한다. 이는 범죄 현장에 출동하는 형사들과 다른 기능의 경찰관들에게 즉시적이고 중요한 정보를 제공한다. '실시간 범죄센터'에는 소셜 미디어분석과 검색팀이 있다. 이 팀들은 소셜 미디어에 올라온 갱 멤버들의 글을 모니터하여 폭력 모의 사건의 증거로 활용한다.

중앙 수사부는 수천 건의 형사범죄를 해결하는 것을 돕는 핫라인 '크라임 스토퍼'를 운영한다. 또한 '라이커스 퓨전센터'(뉴욕시의 라이커스 섬에 위치한 수감시설) 내에 NYPD의 부서를 운영하며 이는 그곳에 수감된 범죄자들에 관한 정보와 관련 데이터를 모으고 있다.

범죄 기업부는 범죄기업에 대한 높은 수준의 장기간 수사를 진행한다. 이는 연방, 주, 지역의 파트너들과 함께 가장 좋은 방법으로 기소를 진행하며 불법적으로 얻은 이익을 압수 절차에 의해 회수하는 것이다. 이 부서는 대규모의 범죄 기업을 대상으로 하며 전통적인 조직범죄 그룹과 밀수, 자금세탁, 의료 사기 보험사기 등을 대상으로 한다. 또한 차량범죄팀은 개인과 단체가 조직된 또는 반복된 자동차절도를 수사하며 중고차량과 부품의 거래상들과 자동차 폐차장과 자동차 야적장, 자동차 정비소, 차량 도색업체를 감시한다. 이 부서를 통해 NYPD는 두 개의 다중 사법관할팀에 참여한다. 즉 마약단속 태스크 포스와 마약 단속 스트라이크 포스이다. 범죄 기업부는 마약 단속 태스크 포스와 함께 일하며 앨차포로 잘 알려지고 세계에서 가장 악명높은 마약 운반책으로 알려진 호아킨 아치발도 구즈만 로에라를 멕시코로부터 뉴욕으로 성공적으로 압송했다.

특수수사부는 몇 개의 특수 수사팀을 감독한다. 장기 미제팀은 살인사건과 그 외의 다른 사건들을 재조사한다. 이는 수사단서들이 없어져 장기미제로 남은 사건이다. 컴퓨터 범죄수사팀은 디지털과 멀티미디어의 장비에 대한 과학 수사를 수행하며 온라인상 아동 성착취나 아동 포르노물을 수사한다. 동물 잔혹학대수사팀은 의심스러운 동물 학대와 방치사건에 배치한다. 실종자 수사팀은 의심스러운 환경하에서 사라진 사람들과 실종아동과 노인들을 찾는 업무를 수행한다. 주요 사건팀은 연방법 집행 수사팀과 함께 일하며 납치, 은행강도, 비행기납치, 심각한 연쇄 범죄를 다룬다. 인질 협상팀은 인질사건과 감정적으로 혼란을 겪는 사람들이 자신과 다른 사람들에게 심각한 위협을 취하는 사건에 대해 협상을 통해 불안한 상황을 해결하도록 훈련받는다. 화재와 폭발팀은 화재와 폭발의 원인과 범죄행위가 개입되었는지 여부를 결정한다.

특수피해자부는 성범죄와 아동학대사건을 수사한다. 그곳의 수사관들은 성범죄와 아동학대의 피해자들을 민감하게 대하도록 훈련받는다. 이는 그들이 그들의 이야기를 말하고 그들을 공격한 사람들에 대항하는 사건을 구성하도록 돕기 위함이다. 이 부서의 성범죄자 모니터링팀은 뉴욕시에 살고 있는 성범죄자로 알려진 사람들을 모니터한다. 이들 부서는 증오범죄 태스크 포스를 포함한다. 이는 피해자의 인종에 대한 편견에 의해 유발된 범죄를 수사한다. 특수피해자부는 비영리조직인 세이프 호라이즌과 일하는데 이 조직은 성적 학대의 피해자들에게 지원과 위기상담을 제공한다. 세이프 호라이즌은 5개의 아동 보호센터를 운영하며 이 센터들은 NYPD의 특수피해자부의 아동 학대팀, 의료팀, 뉴욕시의 '아동 서비스를 위한 행정국' 소속 직원들과 검사들과 함께 일한다. 이들 센터들은 아이들과 가해를 하지 않은 부모들과의 인터뷰를 위한 안전한 환경을 제공한다.

과학수사부의 수사관들과 시민 범죄학자들은 경찰청 연구소에서 일하며 증거물이 된 물질과 머리카락, 섬유, 체액, 지문, 총격 잔해물, 화재 촉진제, 의심스러운 문서, 법적 통제물질, 흙, 금속, 고분자 화합물, 유리 그 외의 포렌식 추적증거 등에 대해 형사범죄의 지원을 위한 화학적, 물리적 분석을 수행한다. 이 부서는 또한 범죄현장팀을 운영한다. 이는 증거 통제 기술관을 현장에 파견해 증거를 모으는 임무를 수행한다. 지난해 경찰청 은 과학 수사연구소의 인력을 15% 이상 충원했다. 이는 약물 과다 복용에서 확보한 마약 증거와 관련 물건들을 보다 충분히 테스트하기 위함이다. 이 사건들에 사용된 약물들은 12종의 다른 통제물질처럼 때로는 많은 종류를 포함하는 복잡한 혼합체들이다. 증가된 약물시험은 어떤 특정물질이 과다 복용과 사망을 일으키는지에 대한 보다 자세한 이해를 제공하며 길거리에서 그들을 제거하는 전략을 세우는 데 도움을 준다.

중앙 강도사건부는 도시 전역의 강도의 행태를 수사한다. 1개의 경찰서보다 많은 곳 에서 활동하는 강도들을 수사한다. 이들 범죄를 초기에 멈추기 위해 보다 넓은 시각을 갖 는 것이 중요하다. 중앙 강도사건부는 일선 경찰서팀과 함께 일하며 최근 지역 강도사건 들 사이에서 두드러지는 경향을 파악한다. 중앙 강도사건부는 다섯 개의 보로우 수사팀 을 운영한다. 이 팀들을 주택침입, 약국강도, 스마트폰 강도, 체크 · 캐시상점 강도 등을 수사한다. 이 부서는 연방 주류, 총기, 담배, 폭발물국과 함께 일하며 연방범죄로서 기소 될 수 있는 상업시설에 대한 강도에 대해 수사한다.

대형 절도사건부는 2014년 설립되었다. 이 부서는 광범위한 수사와 분석기법을 사용 한다. 이는 도시 전역에 걸친 대형 절도, 신분 도용범죄, 재정 범죄, 사이버 범죄, 다른 재 산 관련 위반범죄와 싸우고 있다. 이 부서는 대형 절도 패턴 범죄와 반복되는 범죄를 수 사한다. 절도범 체포팀은 각 보로우에 배치되어 길거리에서 절도범죄자를 추적하며 범죄 자들을 범죄현장에서 검거하기 위해 잠복근무를 수행한다. 퀸즈 보로우의 대형 절도사건 부에 의한 최근의 한 신분 도용범죄의 수사는 개인용 신분확인기계를 훔쳐 행한 많은 경 제 범죄 사건, 주로 신용카드 사기범죄사건에 대해 이루어졌다. 그 사건으로 28명에 대한 체포와 기소, 17건의 수색영장 집행, 3개의 사기성 신분제조 공장을 폐쇄 조치가 이루어 졌다.

총기폭력 제압부는 2016년에 설립되었으며 폭력 감소를 위한 태스크 포스를 조직하 였다. 이는 도시 전역에 걸쳐 총기를 사용하는 폭력그룹을 주 단속 대상으로 삼는다. 이 태스크 포스는 종종 대상자를 잘 아는 경찰서 수사팀의 형사들과 함께, 갱단과 마약 수사 를 위한 팀을 조직한다. 총기폭력 제압부는은 총기 불법거래의 고리를 수사하고 해체하 기 위해 잠복 경찰관과 정보원을 사용하여 불법 거래 사건을 수사한다. 2017년 3월 총기

폭력 제압부의 구성원들은 수사를 착수하여 24명의 개인을 체포하고 627개의 죄목으로 기소했다. 그들 중 22명의 용의자는 버지니아 거주자이며 그들은 버지니아와 브루클린의 갱들 간의 연합체를 만들었다. 또한 그들은 브루클린으로 불법 총기의 대량 유입을 가능케 한 '올드 도미니언스 루저 총기 법률'을 이용하였으며, 불법 유통망으로서 기능을 수행했다. 이 사건에서 형사국의 부서들은 전문적으로 활동하였으며 브루클린 역사상 대부분의 용의자들이 처벌을 받았다. 대부분의 불법 총기들이 압수되었고 압수된 217개의 총기 중 41개는 공격용 소총이었다.

풍속 단속부는 인신매매를 통한 성매매에 개입된 개인과 조직을 확인하고 어린이들에 대한 인터넷 범죄를 단속하며 피해자들을 보호하는 임무를 수행한다. 이 부서는 체포와 기소뿐만 아니라 다양한 비정부 기구에 피해자들을 인계하여 그들의 삶을 복구할 수 있도록 돕고 있다. 비정부기구에는 생추어리 포 패밀리스, 레스토어, 가든 오브 호프, 걸스 에쥬케이셔널 앤드 모니터리 서비스, 세이프 호라이즈, 레포팅 옵션스, 칠드런 오브 더 나잇, 라이즈 어게인, 그리고 커니넌트 하우스와 그 밖의 단체들이 있다. 이 조직들은 인신매매가 일어나 장소에 진입할 때 수사관들과 함께 출동한다. 그들은 다양한 서비스와 관련 부서의 정보를 제공한다. 풍속 단속부는 경찰서의 NCO들과 함께 일하며 인신매매 피해자들을 확인하고 구조하는 업무를 수행한다.

도주 피의자 단속부는 몇 개의 하위부서를 운영한다. 이는 영장부, 청소년 범죄부, 폭력 중범죄자 체포팀 등이 있다. 이들은 연방 마샬국과 합동을 일하며 다른 기관과도 협력한다. 도주피의자 단속부서는 수배된 모든 범죄자의 위치 파악과 체포하는 업무를 수행한다.

형사국은 검찰청팀을 운영한다. 이 팀은 뉴욕의 5개 보로우 검찰청 모두에 연락관을 배치하고 있으며 예상되는 기소사건을 지원하기 위해 수사한다.

보이스 형사국장은 "우리가 하는 것은 협력적인 노력이며 형사국의 안과 밖에서 이루어진다. 우리의 연방 파트너들인 FBI, 국토안보부, ATF, DEA, U.S. 마샬 등은 법집행력을 배가시키는 소중한 자산이다. 우리는 그들과 완벽한 화합을 이룬다. 이웃 순찰제도로 인해 NCO와 구역 순찰 경찰관들도 집행력을 갑절로 강화하는 요인이 되었다. 그뿐만 아니라 매일 우리의 사건을 해결하는 데 도움을 주고 있다. 형사국 내에서 통합된 수사는 우리에게 괄목할 만한 정도의 성공적인 협력을 만들어 낼 수 있었다. 여기에는 보로우 형사 본부 지휘부들과 특수 부서들도 있다. 이 모두는 2014년과 2015년에 싹트기 시작했으며 2017년 말 우리는 범죄의 극적인 감소를 보고 있다."라고 말했다.

28 특수작전국

> "위험하고 긴급한 상황을 대응하기 위해
> 특수한 육체적 훈련과 전문교육을 받은
> 요원들을 관리하며 현장에 배치한다."

조직도

◇ 특수작전국의 조직도

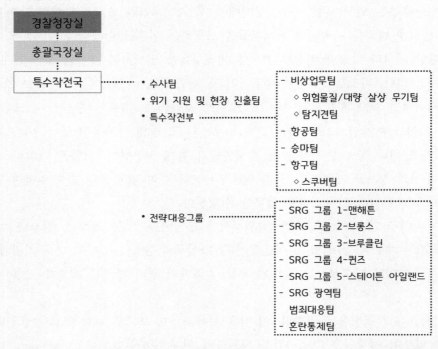

상시 특수 업무

순찰 중인 경찰관들은 시내 거리에서 가장 많이 보이는 뉴욕시 경찰청의 근무자들이다. 그들은 눈에 덜 띄지만 다양한 작전과 전술 업무를 제공하는 고도로 훈련된 경찰관들의 광범위한 제도에 의해 지원받는다. 이 특수작전국은 NYPD의 순찰 경찰관들을 강화하고 보충한다. 이 국의 경찰관들 약 1,700명은 24시간 언제나 순찰 경찰관들을 지원한다. 이들은 총격사건에서 헬리콥터 구출에 이르기까지 모든 분야의 전문가들이다.

특수작전국은 NYPD의 재구조화 계획의 일환으로 2016년 3월에 만들어졌다. 이 계획은 경찰청의 많은 면을 효과적으로 재구성하였다. 특수작전국은 국의 깃발 아래에 NYPD의 수개의 특수팀들을 통합하였다. 이 국은 긴급 업무팀과 항공팀, 승마팀, 항구팀 등을 포함한다. 전략적 대응 그룹(Strategic Response Operations, SRO)은 이 국의 일부로서 광역 범죄의 진압과 대규모 행사의 관리를 위해 일하며 이는 뉴욕시의 대테러 방어업무에 기여한다. 위기 현장 대응 지원팀은 어려움에 처한 홈리스를 위해 다양한 업무를 수행한다.

특수작전국의 구성원들은 혹독한 훈련을 받으며 종종 다양한 교육을 위해 교차 교육을 받는다. 이로써 그들은 그들이 마주치게 될 모든 상황을 처리할 능력을 갖춘다. 특수작전국은 인질범과 같은 시민들의 접근이 차단된 범죄자와 상대하며, 감정적으로 혼란을 겪는 사람들과 시내의 다리와 빌딩에서 뛰어내리겠다고 위협하는 사람들도 상대한다. 또한 수상 사고와 실종된 개인이나 용의자의 수색과 수색영장의 집행, 공중과 바다의 구조, 대형 재산 등도 해당된다.

해리 웨딘 특수작전국장은 "특수작전국의 요원들은 NYPD에서 가장 고도로 훈련된 경찰관들이다. 비상업무, 항만, 기마, 항공, 위기 현장 지원팀, 전략 대응 그룹 등이 받는 혹독한 훈련은 어떠한 난관도 적절하게 관리하고 최고의 전문성으로 대응할 수 있도록 한다."라고 말했다.

비상업무

비상업무팀(Emergency Service Unit, ESU)에 대해 알려진 말이 있다. 뉴요커가 어려움에 처하면 그들은 경찰관을 부른다. 경찰관이 어려움에 처하면 그들은 ESU를 부른다. 1930년 4월에 설립된 ESU은 특수한 훈련과 장비가 요구되는 사건사고와 비상상황에 처한 시민들과 경찰관들을 돕고 지원하기 위해 긴급 출동을 제공한다. ESU 트럭은 5개 보로우를 순찰한다. 또한 대량 살상 무기팀과 같은 몇몇 하위 팀들은 ESU의 작전에 부가적인 특수한 지원을 제공한다.

ESU 경찰관들은 항상 대기상태이며, 차량구출, 수상구조, 건물붕괴, 폐쇄된 공간 구출, 위험물질 관련 사고와 같은 비상상황에 출동할 준비가 되어 있다. 최신 장비와 지속적인 훈련은 ESU가 인명 구조 작전을 안전하고, 적시에 신속한 방법으로 할 수 있도록 보장한다. 이 국의 경찰관들은 전술과 기술적인 구조와 위험물질, 수상구조, 특수 무기의 사용 등에 대해 대응할 수 있도록 가장 최신의 훈련을 받는다. 모든 ESU 경찰관들은 의료 응급처치를 신속하고 효율적으로 할 수 있는 인증받은 뉴욕시 '응급의료요원'(Emergency

Medical Technicians, EMT)이다.

ESU는 뉴욕주의 연방비상관리국의 팀의 구성원으로서, 뉴욕시와 미국, 심지어 국제적인 재난상황에 대해 즉각적으로 배치될 준비가 되어 있다. 연방비상관리국의 팀원으로 선발된 ESU의 요원들은 재난 현장에서 구조작전을 수행할 수 있도록 특수하게 훈련받는다. 과거 수 년 동안 ESU요원들은 오클라호마, 루이지애나, 도미니카 공화국, 아이티에 배치되어 구조작전을 지원했다. 2016년 10월 ESU 요원들은 허리케인 매튜에 의해 발생한 심각한 홍수에 대응해 조지안 노스 캐롤라이나, 사우스 캐롤라이나에 배치되었다. 2017년 가을에는 ESU요원들은 허리케인 하비, 이르마, 마리아로 인한 재해의 구조를 위해 텍사스, 플로리다, 푸에르토리코에 배치되었다.

2017년의 파견 기간 동안 총 92명의 ESU요원과 13마리의 ESU 구조견이 수색과 구조작전에 파견되었다. 경찰관들은 수상구조작전과 건물 수색, 사람과 동물의 피난 업무를 수행하였다. 그들은 수도공급, 전기공급 에어컨 등 필수적인 기능을 의료시설과 호텔, 기타 여러 장소에 공급하였다.

ESU 경찰견팀은 위험한 범죄 용의자를 추적하고 검거하는 것에서 실종자를 수색하는 일에 이르기까지 다양한 업무를 수행하였다. 경찰견팀은 하루 24시간, 일주일에 7일 동안 일했으며 대테러작전 계획과 수색영장집행과 증거물 수색을 위해 항시 출동을 대기하고 있다. 마약과 총기류 탐지견들은 형사사건에서 증거를 발견하는 데 중요한 역할을 한다. 이들은 대규모 운집장소의 내외부에서 폭발물이나 인화성 물질과 기구를 찾기 위한 일에 매우 효율적이다. 파트너 이상의 존재인 모든 ESU 탐지견들은 가족으로서 대우받으며 그들의 일정이 끝나면 핸들러들과 집으로 돌아간다.

항공팀

1929년에 설립된 항공팀은 미국에서 가장 오랫동안 운영된 항공관련 법 집행팀이다. 현재 항공팀의 비행선단은 7대의 벨 헬리콥터와 80명의 고도로 훈련된 요원들에 의해 운영되고 관리된다. 가장 크고 가장 능력 있는 법집행 항공 팀은 트라이 스테이트 지역에 위치하면서 모든 NYPD 요원들을 위한 항공 지원을 하고 있다. 항공 및 해양보안팀은 대테러 작전과 수사작전을 지원하기 위한 고성능의 감시장비를 갖추고 있다. 항공팀 요원들은 벨 헬리콥터 훈련학교 또는 비행안전국제단체에서 비행술과 기계관리에 관한 기초 훈련과 매년 정기 보수 훈련을 받는다. 항공 지령 훈련을 위해 연방 항공행정부서의 승인을 받은 기초 비행 훈련과정을 정기적으로 받는다. 추가적인 훈련에는 항공과 해양 구조, 전술적 이송, 수직 구조, 헬기 의무수송, 기초 화재대응 훈련, 긴급의료기술 인증, 상황

훈련 등이 있다. 정기적 또는 부정기적으로 항공과 유지기술 훈련을 측정하고 연마한다.

항공팀은 다른 항공 관련 법집행팀과 군사 특수 작전팀과 함께 전술과 기술, 절차 등에 대해 공유한다. 이 팀은 뉴욕소방청과 함께 고층 건물의 구조와 항공정찰훈련을 이수한다. 항공팀의 모든 요원들은 항공 법집행 협회의 구성원들이다.

2017년 9월 항공팀은 락커웨이 해안에서 15마일 떨어진 곳으로 날아가 추락으로 인해 머리를 부상 당한 후 의식이 없다고 신고된 해양 노동자의 중요한 구조업무를 수행했다. 이 팀은 즉시 도착했으며 부상자에게 필요한 구조활동을 했는데, 그는 항공팀이 도착하기 전에 호흡곤란을 겪고 있었다. 부상자는 항공 이송을 통해 스테이튼 아일랜드 대학병원으로 이송되었으며 그는 안전한 상태로 치료받았다.

항만팀

항만팀은 항해용 해수면 146평방마일과 해안가의 해수면 576평방마일을 순찰한다. 항만팀의 사법관할은 뉴저지주 해안에 이르는 모든 수면과 뉴욕시의 해안에 모든 선박이 운항 가능한 해수면과 허든슨강과 주변의 수로를 포함한다. 항만팀에는 34명의 스쿠버 전담팀을 포함해 약 180명의 제복 경찰관이 있다. 현재의 선단은 34정이 있으며 이들은 25피트에서 70피트에 이르는 다양한 크기와 첨단 항해장비와 레이다 시스템과 고해상도 소나와 열 영상 시스템과 원격 조정 선박을 갖추고 있다.

2015년 10월 랜돌프 홀더 형사가 총격으로 사망한 이후 살인범은 살해 무기를 할렘강에 던졌다. 이후 6일 동안 항만팀 소속 스쿠버팀은 67,000평방피트의 강 바닥을 샅샅이 수색하였으며 마침내 존모티머 형사가 40구경 글록 권총을 발견했다. 발견된 무기는 홀더 형사를 살해하는 데 사용되었으며 살인범에 대한 강력하고 포괄적인 기소에 사용되었다.

항만팀은 매년 메이시 백화점의 7월 4일 불꽃놀이 행사와 선박 주간행사, 신년행사, 전기보트 경주대회, 레드불 항공기 경기, 뉴욕시 트라이에슬론 경기 등 항만에서 많은 특별 행사를 계획하고 집행한다. 항만팀은 매년 수많은 수영과 노젓기 행사에 안전을 제공한다. 항만팀은 행사 기획팀과 함께 안전계획과 비상시 요령 등을 검토한다. 항만팀은 뉴욕주 안전보트 훈련코스를 매년 일반에게 제공한다. 이를 통해 모든 레벨의 보트 운전자에 대한 등록과 안전장비, 항해 규정, 개인 수상기기 규정에 대한 교육을 실시한다.

기마대

기마대의 '10척 장신의 경찰관'(경찰용 말)보다 더 상징적인 순찰 경찰관의 이미지는 거의 없다. 이 팀의 요원들과 말들은 매우 눈에 잘 띄는 경찰의 존재이다. 이들은 범죄대응 계획과 다중이 밀집된 지역과 특별한 장소에 직접적인 순찰을 위해 배치된다. 기마 경찰관은 시위와 데모와 콘서트와 스포츠 행사와 퍼레이드에 배치되어 시민들과 동료 경찰관들을 혼란에서 복잡함에서 보호한다. 종종 기마의 단순한 존재만으로도 군중을 차분하게 가라앉히는 효과가 있다. 고위험 범죄 지역에 배치하여 범죄를 감소시키는 것을 증명해온 기마순찰의 다른 주요한 기능은 범죄 우려 지역뿐 아니라 주변지역에서의 순찰도 효과가 있다.

기마대에 대한 윤리적이고 사랑스러운 대응은 NYPD 내에서 모범적인 사례이다. 2015년 경찰청은 말들을 위한 새롭고 최신 시설을 맨해튼에 설치하였다. 이 시설은 말들에게 도시에서 다소간 전원풍의 삶을 제공하고 있다. 기마대의 말들의 대부분은 24시간 관찰과 보호를 그들의 파트너들(기마 경찰관)과 시민 마부로부터 받고 있으며 친근한 마구간 고양이의 지속적인 동료관계도 유지하고 있다. 기마대의 말들은 은퇴 후 뉴욕주의 설리반 카운티로 옮겨져 공식적으로 임무를 해제하여 드넓은 들판에서 하루 종일 마음껏 뛰어놀게 된다.

전략적 대응

NYPD는 전략대응그룹(Strategic Response Group, SRG)을 2015년 5월 설립하였다. SRG는 8개의 순찰 보로우 태스크 포스를 특수 작전국 아래 하나의 단일 명령조직으로 만들었다. 이 부서의 약 700명의 경찰관들이 5개의 개별적인 SRG팀에서 근무한다. 이들은 뉴욕시의 5개 보로우에 하나씩 배치되어 있다. 이는 혼란통제팀(Disorder Control Unit, DCU)과 동일하다. SRG의 임무는 3가지로 크게 나누어진다. 지역에 배치되어 길거리 폭력을 제압하는 임무, 도시내에서의 이동과 대규모 군중 통제 행사에 대응, 치명적이고 위험한 물질의 사고에 특수작전부를 지원하는 것이다. SRG의 요원들은 24시간 작전 차량이나 통신센터, 보로우와 교통상황에 따른 매일의 수요에 대응하여 배치된다.

SRG팀은 순찰 경찰관들이 매일 범죄와의 전쟁작전을 위해 근무하는 것을 지원한다. 특별히 폭력 범죄가 급증하는 지역에 배치된다. SRG 팀은 경찰서의 지휘부와 경찰서의 현장 정보요원들이 제공하는 실시간 정보분석을 활용하여 배치된다.

주요사건팀과 공조하여, 주요사건팀이 스마트폰을 보내준 수배된 은행강도 용의자의 사진을 통해 4명의 용의자를 검거하였다. 이들 중 한명은 장전된 45구경 권총과 4만 1천 달러의 현금을 갖고 있었다.

SRG는 매일 '주요사건대응능력팀'과 함께 배치된다. 이 중무장팀은 사람들이 많이 모이는 장소에 위치하여 순찰함으로서 가시적인 위력을 보인다. 이는 뉴욕에 거주하는 시민들과 관광객들에게 안전하다는 모습을 보여준다. 주요 사건 대응능력팀은 주요한 자산임이 증명하여 왔으며, 특히 교황방문, 골프 유에스 오픈, 유엔총회, 추수감사절 행진 등 유명인사가 참여하는 행사동안 효과를 거두고 있다.

SRG는 지속적으로 최신 무질서 통제기법과 최신 위험물질 훈련, M4 라이플의 전술 사용법, 신속 대응, 실제 총격범인 대응 등을 요원들에게 훈련시킨다. SRG의 특수화된 훈련은 실제 테러리스트와 총격현장에 비상업무팀과 '주요 대응 커맨드'(Critical Response Command, CRC)를 돕는다. 최근의 유럽과 미국에서의 테러 공격은 물론이고 가정 내 총격 사건은 특수 훈련된 SRG 요원들이 출동한 순찰 경찰관과 소방대원, 위협을 중재하고 부상자들을 구조하기 위한 의료진과 함께 일하는 것이 필요하다는 것을 보여주었다. 이러한 위기 상황에서 SRG 요원들은 부상자들을 안전하게 피신시킬 수 있도록 소방대원들, 긴급의료진과 함께 구조 태스크 포스를 구성하는 것은 물론이고 구조를 위한 공간과 구출 통로를 확보하는 업무도 수행한다. 2017년 6월 30일 브롱스 레바논 병원에서의 사건이 진행되는 동안 SRG는 비상업무를 지원하였으며 복도와 계단과 병원의 주변과 범죄현장을 안전하게 하였으며 피해자들과 시민들을 계단을 통해 병원의 응급실로 안전하게 이동시켰다.

위기 현장 출동 지원

특수작전국의 위기현장 출동지원팀은 도움이 필요한 홈리스들을 지원한다. 이 팀은 5개 보로우를 순찰하며 길거리와 공원과 지하철 내의 홈리스들을 돕는다. 위기 현장 출동 및 지원팀은 신체적으로 정신적으로 스트레스를 받고 있는 홈리스들을 돕고 쉼터와 병원에 가도록 권유하며 이송한다. 위기현장 출동지원팀은 정기적으로 다양한 기관들이 합동으로 진행하는 클린업 작전에 참여하며 홈리스의 숙박시설과 자주 모이는 장소와 뉴욕시의 '홈리스 서비스국'이 지정하는 장소에서 업무를 수행한다. 위기출동팀의 경찰관들은 긴급한 이송을 제공하며 클린업 작전이 진행되지 못한 홈리스들에게 경고와 봉사를 한다. 이들 요원들은 클린업 작전 동안 홈리스들의 안전과 권리를 보호받을 수 있도록 하기 위해 '경찰청의 법률지원국'과 함께 일한다.

위기 현장 출동과 지원팀은 지하철에서의 합동작전에서 보워리 거주민 위원회(BRC)와 긴밀히 협조한다. 이는 홈리스들에게 봉사하고 쉼터로 이송을 제공하기 위한 것이다. 이 팀들은 홈리스들이 그들 자신과 다른 사람들에게 안전 위해를 주려할 때 또는 치료를 위해 그들을 병원으로 강제로 이송해야 할 때 BRC를 지원한다.

위기현장 출동지원팀의 겨울철 비상절차는 생명을 보호하는 NYPD의 임무 중 하나이다. 이 팀은 그들이 마주하는 홈리스들이 기본적인 요소들에 대한 충분한 보호를 받는 지를 살펴본다. 이들은 홈리스들에게 제공 가능한 서비스들을 알려주고 쉼터나 병원으로의 이송을 제공한다. 의학적, 정신적 치료가 필요 없는 사람들 중 쉼터로 가기를 동의한 사람은 근처의 24시간 입소 가능한 쉼터는 임시 센터로 이송된다.

위기 현장 출동 지원의 합동 대응반은 뉴욕시의 대응을 개선하기 위해 공동으로 노력한다. 이 팀의 대상자는 정신적 질환자로서 데이터 분석을 통해 확인된 사람들이다. 이 팀은 뉴욕시의 건강과 정신 위생국 소속의 의사들을 방문한다. 그리고 정신 질환이나 약물 남용으로 증가된 위험을 갖고 있다고 확인된 사람들의 위치를 확인하고 평가하고 관리한다. 또한 이 팀은 헬스케어 제공자들과 가족과의 소통, 홈리스 등의 대면을 통해 이상 유무를 체크하는 방법으로 장래의 위험을 완화하려고 노력하고 있다.

C/H/A/P/T/E/R

29 주택국

"뉴욕시 정부가 서민에게 제공하는 공공
주택단지들의 치안을 담당하는 9개 경찰서를
지휘, 감독한다."

조직도

◇ 주택국의 조직도

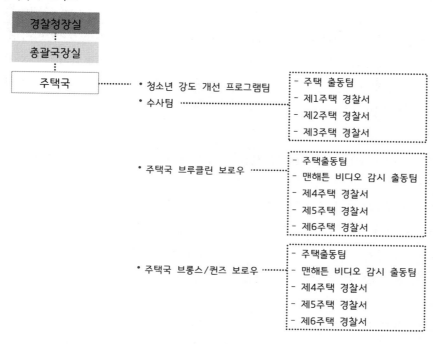

집이라 부를 수 있는 안전한 곳

뉴욕시 주택국의 공공주택에는 40만 명이 넘는 거주자가 살고 있으며, 이들의 안전을 담보하는 것이 뉴욕시 경찰청 주택국의 업무이다.

NYPD 주택국은 1995년 독립 부서로 있던 뉴욕시 주택경찰이 합병되면서 설립되었다. 그 이후, NYPD 주택국은 거주자 순찰팀, 지역사회 그룹, 개발 담당자들과 긴밀한 협력관계 속에서 일해왔다. 주택국은 총 9개의 경찰서(Police Safety Area, PSA)를 운영하고 있으며 각 경찰서는 관할 내의—뉴욕시 주택국이 직접 건축하여 서민들에게 제공한—공공주택 단지를 담당한다. NYPD 주택국은 또한 경찰서의 인원 보충을 위한 세 개의 현장출동팀을 운영한다. Viper(Video Interactive Patrol Enhanced Response) 시스템[15]을 운용하며 관할 내 3,185개의 CCTV 카메라를 24시간 매일 모니터하는 통제 센터를 통해 모든 공공주택의 안전을 점검한다.

익숙한 얼굴의 경찰

9개의 주택 경찰서는 이웃 순찰 활동(Neighborhood Policing) 시스템을 채택하고 경찰관들을 이웃 조정 경찰관(Neighborhood Coordination Officers, NCOs)으로 임명하였다. 주택국의 이웃순찰 경찰관들은 경찰서의 관할에 따라 특정 지역에 배정되며, 그 지역 사람들의 안전과 문제에 책임을 진다. 거주민들은 그들의 거주 지역을 이동하며 익숙한 얼굴의 경찰관을 보게 되며, 그렇지 않으면 경찰이 자주 돌아다닐 경우 불안할 수 있는 상황을 피하게 된다. 이웃협력경찰관들은 보통 무전에 응대하지 않으며 순찰하면서 관할 내 사람들과 친밀하게 지내며 유대를 쌓거나, 지역의 문제를 해결하거나, 범죄에 사전적으로 대응할 수 있는 시간을 갖는다.

"저는 공공주택에서 자랐고, 그곳의 사람들이 경찰이 오기를 바란다는 점을 확실히 말할 수 있습니다. 그러나 우리가 사실은 그들의 거주지역에서 순찰한다는 것을 인식해야 합니다. 거주자들과 더욱 긴밀하게 연결될수록 이웃 경찰활동은 더욱 올바른 방법으로, 존중할 수 있는 방법으로 그 역할을 할 것입니다."라고 주택국장 제임스 세크레토가 말했다.

"이 일의 수행은 전적으로 동반자관계에 의존한다."라고 주택국 부국장 루엘 스티븐슨은 말한다. "경찰청장 오닐은 우리의 도시 순찰은 대중과의 공동책임이라고 말한다. 그리고 그것은 이곳에서 갑절의 의미가 있다. 거주민들이 우리를 원하는 만큼 우리도 그들이 필요하고 그렇기에 그들과 더 좋은 관계를 유지할 수 있도록 항상 노력하고 있다. 그들과의 관계가 공공주택 지역이 당면한 문제를 해결하는 데 도움이 될 것이기 때문입니다."라고 말했다.

주택국 경찰서의 이웃조정 경찰관으로 첫 번째 해야 하는 업무는 공공주택 지역을 익히고 그곳의 거주민들과 그곳의 문제들을 익히는 것입니다. 이것들은 보통 어렵지 않게 이루어질 수 있는데, 이는 뉴욕시 주택국에서 세입자 집단과 대표부를 구성해 놓았기

---

15   순찰과 현장출동이 CCTV와 연계되어 이루어지는 시스템이다.

때문입니다. 뉴욕시경의 파트너인 뉴욕시 주택국 담당자는 경찰관이 지역 내 회의, 커뮤니티 센터 등에 참여할 수 있도록 돕고, 자신이 갖고 있는 네트워크에도 연결시켜 줌으로써 경찰관이 지역사회와 긴밀하게 연결될 수 있도록 합니다. 이에 따라 근린지역 경찰활동이 시작되기 이전에 형성된 여러 지역사회 내 관계들이 이제는 이웃조정 경찰관들에게 소중한 토대가 되고 있습니다.

30 지하철국

"지하철의 치안을 담당한다."

◇ 지하철국의 조직도

```
경찰청장실 ···· 총괄국장실 ···· 지하철국장
```

• 수사팀   • 작전팀   • 특별작전구역
         - 인사   - 대테러팀
         - 훈련팀   - 도시 파괴 대응팀
         - 범죄분석과   - 지하철국 경찰견팀
         - 행정실   - 도시 상태팀
         - 작전팀   - 지하철티켓 사기대응팀
            ◇ 작전계획   - 특수프로젝트팀
            ◇ 지하철국 차량팀   - 범죄예방 보조/탐험팀
            ◇ 뉴욕시 교통국 총기 보관팀
            ◇ 철도통제센터

• 맨해튼 지하철 구역   • 브롱스/퀸즈 지하철구역   • 브루클린 지하철구역
  - 맨해튼 대응팀   - 브롱스/퀸즈 대응팀   - 구역30
  - 구역1   - 구역11   - 구역32
  - 구역2   - 구역12   - 구역33
  - 구역3   - 구역20   - 구역34
  - 구역4   - 구역23

통근자들을 안전하게

뉴욕시 지하철은 실제 뉴욕시와 동일시 할 수 있다. 그리고 매일 550만 명, 연중 17억 명가량의 승객이 6,000여 개 이상의 철도차량, 470여 개 이상의 역들을 이용하고 있다. 뉴욕시경의 지하철국에 배치된 경찰관들은 승객들의 안전보장하는 임무를 한다.

뉴욕시경의 지하철국은 1995년 뉴욕시 교통경찰로 만들어져 시 교통당국 산하의 독립기관으로 임무를 수행해 오다가 NYPD에 합병되었다. NYPD 지하철국은 약 2,600명가량의 제복 경찰관과, 160명가량의 시민 근무자들이 시 전체 12개의 지하철국 관할지역을 지원하고 있다. 지하철국 직원들은 지상과 지하에서 운행 중인 열차라는 독특한 환경에서 순찰을 돌며 매일 수천 명의 시민들과 만나고 접촉하고 있다. 지하철국 직원들은 경찰이 사용하는 다양한 전략을 사용하고 있는데 이에는 제복 및 사복경찰관 순찰, 뉴욕시 교통규칙 및 도시철도 규칙 집행, 범죄예방 활동, 교통 관련 범죄 수사, 테러방지 활동, 지역사회 봉사활동, 그리고 지역사회 기관들 및 전국의 교통안전기관들과의 협조 등이 포함된다.

1990년 이래 뉴욕시 지하철 시스템은 모든 방면의 범죄로부터 안전해졌다. 범죄율은 거의 기록적으로 낮고, 강도는 현재 지하철 차량, 승강장, 그리고 역사들에서 가장 낮은 수준이다. 1990년에는 하루에 47건가량 보고되던 주요 범죄는 현재 하루에 7건 이하로 발생하고 있다.

성범죄 줄이기

NYPD 지하철국은 지하철 내의 경미한 성범죄, 가령 더듬기와 부적절한 노출을 줄이기 위해 피해자 신고, 피해자 지원, 그리고 경찰관 훈련의 개선을 통해 억제하려고 노력하여 왔다. 손으로 쓰게 한 피해자 진술서는 사건이 발생한 바로 직후에 만들어져서 빠르게 신고절차를 진행시킬 뿐만 아니라, 피해자의 육체적, 감정적 피해를 피해자 자신의 말로 묘사하도록 하고 있다. 피해 진술서는 법정에서 그 사건의 범죄자가 피해자를 심각하게 해하였고 그에 상응하는 처벌을 받아야 한다는 인식을 갖도록 하는 역할을 한다. NYPD 지하철국은 범법자들을 추적하고 그 범법자들이 자주 이용하는 장소에 경찰관 팀을 배치하고 있다. 성범죄 피해자들의 신뢰를 얻고 마음의 안정을 주기 위해 NYPD 지하철국은 여직원들을 추가로 배치해 성범죄 피해자들에게 이러한 사적인 범죄에 관한 정보를 전달할 때에 더욱 배려하고 있다. 지하철국은 지하철 성범죄에 관한 종합적인 연구를 진행하고 있는데 2018년에도 계속할 것이다.

에드워드 데라토레 지하철국장은 "지하철은 이 도시에서 가장 중요한 교통수단이다. 그리고 어떤 사람도 성별이나 다른 참작할 만한 요소에 의해서도 지하철을 이용하는 데 주저함이 없어야 한다. 지하철 시스템 안에서 성범죄에 대해서는 관용을 베풀지 않을 것이며 지하철국은 반드시 의지를 관철할 것이다."라고 말했다.

노숙자 대책

NYPD 지하철국은 지하철 내 노숙인 대책으로서 각 지하철국 관할지역에서 차출한 두 명의 경찰관으로 노숙자대책팀을 구성하여 노숙자들을 접촉하고, 서비스를 제공하며, 법위반행위를 시정하도록 하고 있다.

비록 유동하는 인구이지만, 지하철국은 통근으로 이동하는 사람들을 봉사하는 방법을 발전시키고 있다. 지하철국은 각 관할구역에 해당지역의 경찰관들을 배치하고 각 지하철국 구역에서 정기적으로 열리는 '자기지역 경찰관 만나기' 행사를 지원하고 있다. 이 행사는 지하철 특정구역에서 순찰하는 경찰관들을 그 노선을 이용하는 통근자들이 가까이 접촉할 수 있는 기회를 제공하고 있다.

NYPD 지하철국은 도시철도(Metropolitan Train Authority, MTA), 노숙자 부서 그리고 홀러백(Hollaback!)이라는 성범죄 억제에 중점을 둔 비영리단체와 상시 협력하고 있다. NYPD 지하철국장과 고위 관리들은 전국의 교통안전 및 교통경찰기관의 장들로 구성된 자문단의 회원이다. 그 회원들은 주요 사건 및 우수 정책들에 관한 지식과 정보를 공유한다. 교통기관 시설 내의 성범죄에 더불어, NYPD 지하철국은 뉴욕시 지하철에서 발생한 사망사건에 관한 종합적인 연구를 마무리하고 있는데, 이는 최근까지 전국에 걸친 대도시 교통시스템 중 기차에 의해 발생한 사망사건을 가장 심도 깊게 들여다 본 것이다.

31 교통국

"지상 교통의 소통과 안전을 담당한다."

◇ 교통국의 조직도

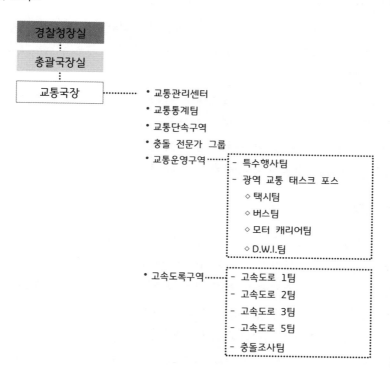

```
경찰청장실
총괄국장실
교통국장 ········· • 교통관리센터
                  • 교통통계팀
                  • 교통단속구역
                  • 충돌 전문가 그룹
                  • 교통운영구역 ─── - 특수행사팀
                                    - 광역 교통 태스크 포스
                                       ◇ 택시팀
                                       ◇ 버스팀
                                       ◇ 모터 캐리어팀
                                       ◇ D.W.I팀
                  • 고속도록구역 ─── - 고속도로 1팀
                                    - 고속도로 2팀
                                    - 고속도로 3팀
                                    - 고속도로 5팀
                                    - 충돌조사팀
```

움직이는 것들을 계속 움직이게 하기

NYPD의 교통국의 최우선 임무는 뉴욕시 전역에서 교통의 흐름을 안전하고 신속하게 하는 것이다. 또한 충돌사고와 자동차 관련 부상과 사망을 줄이는 것이다. 운송과 자동차 소통은 20세기 초와 그 이전의 마차운송 시대부터 NYPD의 중요한 관심사가 되어 왔다. 오늘날 교통관리는 방대한 업무이다. 뉴욕시의 2백만 대의 등록차량과 매일 뉴욕시로 들어오는 2백만 대 이상의 추가적인 차량 때문이다.

교통국에는 300명의 고속도로 순찰 경찰관과 3,000명이 넘는 '시민 교통 소통 요원'[16]을 포함해 4,000명의 요원들이 있다. 교통국은 수사팀, 충돌 기술 그룹, DWI팀과 많은 다른 특수팀들을 보유하고 있다.

교통국은 3개의 분야로 나누어져 있다. 첫째, 고속도로 분야는 모든 고속도로 순찰대와 특별팀으로 구성된다. 둘째, 교통운영 분야는 교통사고 다발지역과 대규모 행사지역을 담당한다. 셋째, 교통 단속 분야에는 모든 시민 교통 단속 요원들이 있으며 교통 흐름을 지속적으로 그리고 적절히 소통시키기 위한 전략을 개발하고 집행한다.

비전 제로

최근 수년 동안 NYPD 교통국은 뉴욕시내에서의 자동차 사고 사망률을 낮추기 위해 노력해 왔다. 이는 빌 드블라지오 뉴욕시장의 비전 제로 프로그램의 일환이며 교통사고와 교통사고 사망률을 감소시키기 위한 관련 기관들의 공동 노력의 일환이다. 2017년 뉴욕시는 1910년 뉴욕시가 교통통계를 기록하기 시작한 이후 최저의 교통사망사고율을 기록하였다. 교통사고 사망률은 비전제로 프로그램이 실행된 2013년 이후 30% 이상 감소하였다.

토마스 챈 교통국장은 "우리 지휘부의 역할은 소모적인 교통사고 데이터의 분석을 기초로 경찰청의 계획들을 수립하고 집행하는 것이다. 우리는 현재까지의 결과에 매우 만족하며 우리의 노력이 교통 관련 사망과 부상을 추가적으로 줄일 것으로 기대한다."라고 말했다.

교통국의 '비전제로' 업무는 충돌을 유발하는 것으로 알려진 위험한 교통 위반행위와 법집행 요원들의 강도 높은 훈련과 최신 단속 장비의 도입에 초점을 맞추고 있다. 또한 차량의 흐름 속에서 개별차량을 지정해 단속할 수 있는 우수한 성능을 갖춘 RADAR 총을 LIDAR 장비로 교체한 바 있다. 교통국은 시장실의 운영본부와 시 교통국뿐만 아니라

---

16   교통국 소속의 시민 근무자들은 뉴욕 경찰청과 유사한 복장과 뉴욕 경찰관과 동일한 견장을 사용한다. 경찰청의 무전망을 사용하며 교통법규 위반 차량을 단속한다.

'택시와 리무진 위원회', '안전한 거리를 위한 가정들' 단체와 같은 다른 기관과도 긴밀히 협조한다. 이는 하루 24시간, 1주 7일 동안 뉴욕시내에서 조화로운 교통단속 전략을 운영하기 위한 것이다.

존 캐시디 교통국 부국장은 "비전 제로 프로그램의 성공은 비전 제로 파트너 기관들로부터 지원받은 전문가와 전문적인 협조 덕분이다. 우리는 도시 전역의 개선된 교통안전 목표를 공유하며 시장실에서 제공한 안내와 협조를 통해 결과가 우수하게 나왔으며 예정된 사항은 성공을 거두었다."라고 말했다.

도로 위의 앞선 눈들

교통국은 지속적으로 교통조건뿐만 아니라 지속적인 분석을 통해 확인한 새롭게 부상하는 패턴을 평가한다. 예컨대 교통국은 오토바이의 안전계획이 봄철과 여름철에 보다 중요하다는 것을 확인했다. 반면 오토바이 운전자가 보행자에게 양보하지 않는 행위는 겨울철 햇빛이 줄어들고 운전자가 잘 볼 수 없을 때 더 많이 발생한다는 것을 확인했다. 보다 심도 있는 분석으로 노인층에서 보행자 사망사고가 증가하는 것과 같은 새로운 경향의 조건들을 확인한다면 지역사회 현장 계도 프로그램이 강화될 것이며 단속 활동이 새로운 조건에 대해 집행될 것이다. 정확한 시간과 장소에 대한 자원의 배치를 통해 교통국은 새로운 경향에 대처해 왔으며 사망사고를 현저히 줄일 수 있었다.

경찰청의 유명한 컴스탯 회의와 유사한 것으로 교통국은 트래픽스탯 회의를 이용하여 교통안전을 관리하며 경찰서 단위의 교통안전 프로그램과 관련이 있는 지휘관 회의를 개최한다. 이 회의는 교통국장이 주재하며 매주 다른 순찰 보로우 본부에서 개최되고 지역 지휘관들과 근무자들에게 새로운 상황에 대처하고 그들의 대책을 신속히 추진하도록 독려한다. 트래픽 스탯회의에는 고속도로 부서, 교통단속 부서, 교통 운영 부서, 순찰국, 뉴욕시 교통국, 택시와 리무진 위원회, 메트로폴리탄 지하철 운영국, 트라이보로우 다리 및 터널 운영국 등이 참석한다.

교통국은 항상 도로 위를 사전에 감시한다. 매년 교통국은 기존의 프로그램과 계획과 정책을 검토하여 그것들을 뉴욕시의 거리를 안전하게 만들기 위한 경찰청의 임무를 보다 좋은 방향으로 개선할 수 있는지를 확인한다. 2018년에 교통국은 충돌 조사팀이 요구하는 수사기법을 위한 규정으로 대체할 것이며 많은 충돌사건에서 전문적인 조사 건수를 증가시킬 예정이다. 교통국은 무면허 운전자와 음주와 약물 등 중독 상태의 운전자에 대한 강력한 단속으로 뺑소니 교통사고의 수를 감소할 방법을 모색하고 있다.

32 지역협력국

"청소년, 소수 민족, 범죄 피해자 등 다양한
소외계층 지원을 담당한다."

조직도

◇ 지역협력국의 조직도

```
경찰청장실
총괄국장실
지역협력국 ·········· • 수사팀
                    • 지역협력국장실 ──────  - 비디오 제작팀
                                           - 예산팀    - 행정운영팀
                                           - 지역협력국 차량팀(CAB Wheel)
                                           - 연구개발팀
                                           - 특수프로젝트팀

                    • 지역현장부 ────────  - 맨해튼 현장팀
                                           - 브롱스 현장팀
                                           - 퀸즈현장팀
                                           - 브루클린/스테이튼 아일랜드팀
                                           - 이민자 현장팀
                                           - 성소수자 현장팀

                    • 범죄예방부서 ──────  - 훈련팀
                                           - 구역(Borough) 범죄예방 연락관과
                                           - 특수작전과
                                             ◇ 범죄 전략팀
                                             ◇ 정보팀
                                             ◇ 청소년 수사팀

                    • 청소년 전략부 ──────  - 현장팀    - 특별프로젝트부

                    • 학교안전부 ────────  - 수사팀    - 지원업무팀
                                           - 무단결석지원팀
                                           - MN/BX Zone Command
                                           - QS/BK/SI Zone Command
                                           - 작전센터
```

'이웃순찰'의 선구자

지난 50여 년간 지역협력국은 경찰과 지역사회 사이에서 건설적인 관계를 형성함으로써 뉴욕 경찰이 뉴욕시내의 범죄율을 낮추는 데 많은 도움이 되어왔다. 이러한 일은 여러 가지 형태로 존재하는데, 마을과 지역사회에서의 연락관 활동, 공립학교에서 안전 유지활동, 범죄예방활동 그리고 청소년 프로그램 활동 등이 있다.

닐다 이리자리 호프만 지역협력국장은 "지역협력국은 뉴욕 경찰의 중요한 부서로서 뉴욕 경찰을 지역사회와 연결하는 역할을 한다. 우리 국은 뉴요커들에게 경찰청의 다른 모습을 보여주는 일을 돕고 있다. 우리 국은 그들에게 우리가 주의를 기울이고 있다는 것과 우리 경찰관들 역시 그들과 같은 뉴욕시민이라는 것을 보여주고 있다."라고 말했다.

전통적으로 지역협력국은 뉴욕의 지역사회에 대한 경찰청의 연락관 역할을 하고 있으며, 지역사회 파트너들과 일을 같이하며, 경찰의 지역 행사를 담당하고 있다. 지역협력국은 지역사회와 경찰 사이에서 신뢰와 협력적 관계를 쌓는 데 중요한 역할을 해왔으며, 앞으로도 계속할 것이다. 지역협력국은 다음 부서들을 포함하고 있다. 지역현장 방문부서, 학교 안전부서, 범죄 예방부서, 청소년 전략부서이다. 이들 네 부서들은 함께 일하며 지역사회 리더들과의 파트너십, 시민조직, 구역 주민조직, 비영리기구, 종교인들, 학교, 청년 그리고 지역주민들과 협력관계를 발전시켜 나간다.

지역사회 진출과 청소년을 위한 전략

계속적으로 발전하는 도시에서 지역협력국은 시민들이 법집행기관들로부터 충분한 서비스를 받지 못하는 이민자, 노약자, 성 소수자들과 접촉할 수 있는 주된 국이다. 성소수자 현장 진출팀은 성 소수자 사회와 법집행기관 사이에서 전향적인 관계를 형성하고, 지역사회의 관심사항을 처리하는 지역단체와 조직들과 함께 일한다. 경찰청 내에서 지역협력국은 성 소수자에 대한 성인지 정책을 수행하기 위해 새롭게 승진하는 모든 감독자들의 훈련을 조율하는 일을 돕고 있다.

이민자들의 법적 권리에 관한 지역 세미나를 주최하는 것에 의해 경찰책임자들과 이민자들을 연결하며, 경찰청장배 청소년 크리켓 대회와 축구대회와 같은 청소년 행사들을 조직하는 방법으로 지역협력국은 소외된 그룹, 이민자 사회와 연결하고 봉사한다.

지역협력국은 청소년 경찰학교, 경찰 체육대회(Police Athletic League, PAL), 경찰 어린이 체육대회, 경찰탐험대 등을 운영하는데, 이들 모두는 경찰관들과 청소년들을 더욱 연결하도록 만들다. 2017년 여름 동안 청소년 경찰학교는 1,989명의 청소년들에게 경찰활동의 이해를 돕고 동시에 캠프활동을 제공했다.

같은 해 경찰 체육대회(PAL)는 4,482명의 청소년들이 참여했고 지역 경찰서를 기반으로 한 회원제 조직인 경찰탐험대 역시 3,518명의 청소년들에게 경찰이 어떻게 활동하는지와 지역서비스를 위해 어떤 노력을 하는지 알렸다.

지역경찰국은 NYPD가 소유하며, 운영하는 최초의 지역 센터를 오픈하기 위해 준비 중이다. 32,000평방피트 규모의 이 시설은 현재 확장공사 중에 있으며, 다목적 지역 중심 센터로 역할을 할 것이며, 이는 특별히 10대 청소년들을 위하여 사용될 것이다.

모든 것은 학교에서 시작한다

지역협력국 학교안전부는 5,383여 개에 달하는 뉴욕시 전체 학교의 안전을 책임지고 있는 '학교안전요원'들을 관리 감독한다. 제복을 입고 근무하는 학교안전요원들은 지난 4년간 뉴욕시 학교 범죄 23%를 줄이는 데 큰 기여를 해왔다. 학교안전부는 뉴욕시 교육국을 비롯하여 교장, 학부모, 학생들과도 긴밀히 협력하고 있는데, 이는 학생과 교직원들이 학교 생활을 최대한 즐길 수 있는 안전한 배움의 환경을 제공하기 위함이다. 학교안전부는 다른 기관들과 지원그룹들과도 일하는데, 여기에는 드블라지오 뉴욕시장의 학교환경에 관한 리더십팀 등이 있다. 이러한 제도들은 협력과 책임의 공유를 강조하며 학생들의 체포건수, 소환, 정학, 심지어 형사범죄를 현저히 감소시키고 있다.

학교안전부는 학교를 중심으로 한 경찰탐험 프로그램을 운영하고 있다. 이 프로그램은 청소년들에게 경찰 업무에 대해 가르치며, 개인적인 성장과 팀워크를 증진시키는 활동들을 직접 체험하도록 돕고 있다. 참가자들은 전문교육의 중요성을 배울 것이고, 스스로 절제하는 방법과 권위에 대한 건전한 존중에 대해 배운다. 또한 지역봉사활동에 참가하며 즐기고 있다. 2017년 이 프로그램의 참가학생들은 580명이었다.

범죄예방

범죄와의 전쟁은 지역사회의 지지와 지원이 필요하며, 이것이 지역협력국이 범죄예방제도에 많은 노력을 기울이는 이유이다. 이러한 프로그램들은 현재 뉴욕시의 총기사고 등 범죄동향을 파악하는 데 많은 도움을 준다.

지역협력국은 '총기 회수 프로그램'을 통해 수백 정의 불법 무기를 회수하고 있다. 총기를 되사는 프로그램은 수많은 지역사회에서 지정장소로 불법 무기를 자진 반납도록 격려하고 있으며, 어떠한 질문도 하지 않고, 선불 현금카드를 지급하고 있다. 바이백 프로그램은 권총, 리볼버, 라이플, 엽총과 심지어 저격용 총기를 회수했다.

교육과 지역사회에 권한위임은 지역협력국의 여러 노력들 중 핵심적인 요소이다. 이는 지역주민들에게 개인적으로 또는 협력하여 안전한 지역사회를 만드는 일에 참여하도록 하고 있다. 다른 최근의 제도들은 노인 안전 교육프로그램이다. 이는 노인들을 상대로 형사범죄, 사기 등의 범죄에 대해 교육하는 전용 프로그램이다. 또한 실제 총격 대비 훈련을 위해 나이트클럽 또는 다른 종류의 행사장 종사자들에게 실제 총격상황에서 어떻게 행동할지는 훈련시키는 비디오 자료를 제작한다. 또한 신용카드와 현금카드를 정보를 불법으로 확보하는 사기범죄를 예방하는 'Operation ID'프로그램을 운영 중이다. 이 프로그램은 소매상인들에게 그들의 디지털 카드 리더기에 부착할 '조작불가' 스티커를 배포하고, 업주들에게 리더기의 조작여부를 정기적으로 검사하도록 알려준다.

33 경찰재단

"시민과 외부단체가 기부하는 기금을 모아
경찰업무 발전을 위해 사용한다."

중요한 임무의 수행

뉴욕시 경찰 재단은 경찰청과 분리된 독립체로서 비영리조직이며, NYPD가 그 목표들을 성취할 수 있도록 돕는 중요한 역할을 한다. 1970년대 이래로 경찰재단은 뉴욕 경찰이 재정적 지원을 할 수 없는 다양한 사업을 지원해 왔다. 예컨대 경찰관의 안전성과 복지의 향상, 또한 경찰 장비 기술의 개발, 특수한 경찰부서와 경찰관들의 특수한 임무의 지원, 보상 프로그램의 관리, 뉴욕 경찰을 미국 내에서 최고의 능력을 갖게 한, 범죄와 대테러에 대한 혁신적 접근을 위한 종잣돈 지원 등이 그것이다. 뉴욕 경찰은 4개의 핵심 영역에 초점을 두고 있다. 경찰관들, 경찰관이 근무하는 커뮤니티, 범죄와의 전쟁, 대테러 작전이다. 경찰 재단은 4개의 영역에 대해 뉴욕 경찰이 수많은 시도 속에서도 그들의 노력들이 잘 체계화되며 유지될 수 있도록 중요한 지원을 해왔다.

1970년대 초는 뉴욕 경찰에게 상당히 혼란스러운 시기였다. 부패한 경찰에 대한 조사들은 경찰청 자체의 위상을 약화시킴과 동시에 결국에는 현대 뉴욕 경찰의 근간을 다시 만드는 개혁을 촉진하는 시기였다. 뇌물과 검은돈에 대한 책임을 묻는 일환으로, 경찰재단의 설립자들은 합법적으로 경찰청에 기부할 수 있는 방향을 제시했고 이는 유일하게 경찰청에 직접적으로 재정적 기부를 할 수 있는 허가받은 유일한 기관이다. 경찰관들을 위한 경찰재단의 분명한 신호로서, 초기의 캠페인은 모든 뉴욕 경찰관들의 방탄복을 위한 자금들을 모았다.

1970년대 뉴욕시의 재정위기로 인해 기마부대가 해체될 위기에 처했을 때 경찰재단은 이 일에 관여했고 향후 20년 동안 필요한 말(horse)을 기부했다. 그리고 결국에는 경찰재단으로 인해 전통있고 상징적인 부서를 유지할 수 있었다.

"경찰재단은 최고의 경찰관들을 만들기 위해 뉴욕 경찰청의 혁신프로그램을 지원한다." 라고 경찰재단의 최고 책임자 수전 번바움은 말했다. 현재의 펀딩 계획은 대테러 업무부터 보상프로그램에 이르기까지 그 범위가 다양하고 다가오는 새해의 우선목표는 이웃순찰을 통해 커뮤니티와 조금 더 가까워질 수 있는 경찰국의 노력에 참여하여 그것을 지원하는 것이다.

범죄를 줄이기 위한 프로그램

1980년대 중반 경찰재단은 추후에 뉴욕 경찰의 필수적인 범죄소탕작전 프로그램이 된 크라임 스토퍼 프로그램(Crime Stoppers Program, CSP)을 인수했다. 그 프로그램은 익명의 제보자로부터 받은 정보가 위험한 중요 범인 체포와 기소에 상당한 도움이 된다면 최대 2,500달러까지 보상금을 제공한다.

크라임 스토퍼 프로그램은 뉴욕시민들에게 안전과 가치 있는 인센티브를 제공하고, 시민들 스스로가 자신의 커뮤니티의 안전에 직접 참여할 수 있게 하고, 초기 계획과 수색, 수사에 크게 공헌하며 경찰관에게 다른 방법으로는 얻을 수 없는 정보를 제공한다.

재단은 프로그램을 관리하고 보상금을 지급하고 시민들이 수배자들을 쉽게 인지할 수 있도록 미디어 캠페인을 전개한다. 현재까지 시민들로부터 받은 제보로 1,500건 정도의 살인사건을 포함한 3,000여 건의 폭력사건을 해결하였고, 20억 원이 넘는 보상금이 지급되었다.

1990년대 경찰재단은 경찰역사상 가장 위대한 혁신의 하나를 위해 초기 자금을 지원했다. 이는 컴스탯(CompStat)이라는 범죄 통제와 책임 절차(Crime Management and Accountability Process)의 초기 회의를 위하여 지도와 컴퓨터를 제공하였다. 컴스탯 회의는 매주 각각의 순찰구역에 포커스를 맞추었는데, 상당히 섬세한 분석기법과 범죄지도 소프트웨어의 지원으로, 컴스탯은 뉴욕 경찰의 법집행력을 강화시켰고 꾸준히 증가하던 범죄율을 역사적으로 줄인 촉진제가 되었다.

재단은 또한 '경찰 실시간 범죄센터(Real Time Crime Center, RTCC)'의 디스플레이 월(Display Wall)을 설치하고, 데이터 센터를 설립하기 위한 범죄 기록을 디지털화했다. 이 센터는 범죄 상황과 잠재적 테러 공격을 미리 예측할 수 있는 뉴욕 경찰의 최고의 시설 중 하나이다.

해외 정보

뉴욕시 경찰재단의 커다란 지원으로 NYPD의 국제 연락관 프로그램은 NYPD 정보국의 경찰관들을 런던, 텔아비브, 아부다비 등 해외 15개 지역에 배치하였다. 이는 해당 지역의 법률 집행기관과 긴밀하게 협업하기 위한 것이며 상세한 정보를 모으기 위한 것이며 뉴욕에서의 대테러 전략을 수립하는 데 도움이 되기 위함이다. 해외 파견 경찰관들은 국제적인 테러의 도전을 평가하는 데 상당히 소중한 자산이다. 런던, 뮌헨, 파리, 브뤼셀, 스페인과 같은 지역에서 발생한 테러공격 이후, 해외 파견 경찰관들은 범죄현장에 진출하여, 테러의 수단과 현지 법집행 기관들의 대응을 평가하고, 이것들을 어떻게 뉴욕시에 적용할지 고민한다.

계속 발전하기

뉴욕시 경찰재단은 경찰관과 경찰청 내의 민간인 근로자, 그들의 가족에 대한 학자금 지원과 워크숍, 직업교육을 위한 장학금을 지원한다. 예컨대 경찰청 정보국의 민간인 정보 분석가들(Civilian Intelligence Analysts)에게도 자기발전의 기회를 제공한다. 재단은 매년 경찰관들과 형사들의 성과와 사기를 높이기 위해 수상식을 개최한다. 재단은 수석 부청장과 가까이 일함으로써, 뉴욕 경찰관들을 위해 지속적으로 발전하고 전문화할 수 있는 세미나, 강의 등을 위한 기초를 잘 쌓았다. 강의 시리즈는 몇 가지 예를 들자면 다양성, 전략, 공정성, 실질적 리더십, 인질협상, 여성 리더십 등의 세미나를 포함한다.

"뉴욕시 경찰활동 전반에 걸쳐 최고의 효과를 낼 수 있게 하는 것이 우리의 임무의 기조입니다." 경찰재단 최고 관리자인 그렉 로버츠는 말했다. 또한 "현대 경찰관들이 직면한 어려움이 확대됨에 따라, 시민들을 보호하기 위해 요구되는 경찰관들의 능력도 확대되고 있다. 경찰의 교육, 훈련, 직업 전문성 개발의 오랜 역사를 통해 경찰재단은 모든 계급 전반에 걸쳐 우수성을 개발할 수 있도록 기여하고 있다. 경찰재단은 계급에 상관없이 모든 경찰관들이 어떤 상황에도 잘 대처할 수 있도록 좋은 장비를 갖추고 근무할 수 있기를 바라며 그들의 능력을 발전시키고 결국 우리의 시민들의 안전을 위해 책임지는 역동적인 역할을 맡을 수 있기를 바란다."라고 말했다.

커뮤니티의 주인은 뉴욕 시민이다

뉴욕 경찰재단은 뉴욕 경찰의 부청장실인 전략적 소통국과 지역 사회 파트너들과 함께 일했다. 이는 뉴욕시의 청년들에게 우리가 살고 있는 세상에 대한 기초적인 지식을 주는 플랫폼인 #MyNYCStory라고 불리는 캠페인을 시작하기 위함이다. 또한 비디오, 사진, 시, 에세이 그리고 다른 미디어를 통해, 청년들은 그들이 살고 있는 지역사회의 역사와 그 지역 출신 유명인들에 대해 깊이 파고들고, 리서치와 지역주민들과의 인터뷰를 통해 그들 자신의 이야기를 발전시킨 후, 그것들을 #MyNYCStory 웹사이트와 소셜 미디어 계정에 올린다.

#MyNYCStory는 뉴욕 경찰이 순찰과 법집행을 넘어서는 곳(온라인 상)까지 알려지게

함으로써, 뉴욕시의 독특하고 다양한 문화를 알리게 되었다. 그 캠페인은 브루클린에서 시작하였고, 브롱스로 퍼져나갔는데, 브롱스 내의 '브롱스 고등학교'는 자신들의 수업 과목인 '비쥬얼 아트' 커리큘럼에 이 캠페인을 접목시켰다. 2018년 경찰재단은 #MyNYCStory 프로그램을 스테이튼 아일랜드, 퀸즈, 맨해튼 구역으로 확장할 것이다.

경찰재단은 뉴욕시 전역에 걸친 '이웃순찰' 정책에 많은 기여를 했는데, 이는 경찰재단이 뉴욕시 지역의 청년들과 경찰관들 간의 신뢰를 쌓는 노력을 했으며, 그것의 일환으로 지역경찰관들이 지역 학교 등을 찾아가서 서로 이야기하고 의견을 교환할 수 있는 'Talk to me' 프로그램과 반폭력 이벤트, 청소년 행사, 경찰관과 지역주민들이 정기적으로 모여서 토론할 수 있는 'Build the Block' 캠페인 등 다양한 지역 행사를 지원한다. 경찰재단은 부청장실인 전략소통국과 함께 각 경찰서의 관할 지역의 고유의 커뮤니케이션 전략을 맞춤형으로 세우고 실행하기 위해 경찰청의 '신디지털 소통경찰관'을 훈련시키는 사업을 한다.

역시 전략소통국과 협력하여, 뉴욕 전역의 청년들이 중요한 삶의 기술인 고급 커뮤니케이션 기법을 배우도록 급료가 지급되는 사교 프로그램을 제공하고 있고, 이들 청년들에게 그 기회를 통해 경찰청에 대한 식견도 얻는 기회를 제공하고 있다.

부록

뉴욕 경찰의
101가지 피해자 지원 정책

/ 차 례 /

도입

① 트라우마 누그러뜨리기

② 증거 보강하기

③ 접근성 강화하기

④ 투명성과 책임감 극대화하기

⑤ 협력 강화하기

　　내가 2014년 뉴욕시 경찰청으로 돌아왔을 때 신규 부서인 협력업무국을 이끄는 임무를 부여받아 기뻤다. 우리의 임무는 크게 3가지이다. 경찰관들이 공공의 안전과 질서를 증진하기 위한 새로운 '강제력을 사용하지 않는 법집행'을 개발하는 것, 보다 전략적이고 강화된 '강제력을 사용하는 법집행 방법'을 발전시키는 것, '경찰서비스에 대한 시민들의 접근 용이성'을 강화하는 것이다.

　　우리의 업무 중 일부인 '경찰서비스에 대한 시민들의 접근성 개선'과 관련하여, 우리는 범죄 피해자들의 삶을 회복하는 것을 도울 수 있는 것이라면 경찰청이 무엇이든 할 수 있도록 경찰청을 돕는 것이다.

　　이 책자는 경찰청의 이러한 목표를 달성하기 위한 경찰청 내의 광범위한 노력의 결과를 반영하고 있다. 나는 집행부의 나의 동료들에게 감사를 표한다. 이들은 범죄 피해자들을 위해 자신들의 업무를 면밀히 관찰하였으며, 범죄 피해자들을 위한 보다 훌륭한 업무 수행을 위해 창의적인 정책들과 절차들을 고안하였다. 나는 피해자를 돕는 단체들에게 감사한다. 이들은 수년간의 그들의 경험을 피해자들과 나누며 일하고 있으며, 우리에게 조언을 해주고 있다. 끝으로 그러나 가장 중요한 일로서 우리는 범죄 피해자들에게 빚을 졌다. 이들은 그들의 경험을 간접적으로나 직접적으로 우리와 나누었으며, 그들의 통찰력은 우리의 업무에 정보를 제공하고 우리에게 용기를 주었다.

　　범죄 피해자들을 위해 이 일을 하는 우리는 모든 뉴욕 시민들의 안전과 정의를 증진하기 위해 NYPD의 중요한 임무를 수행하고 있다고 믿는다.

협력업무국장
수전 허먼

도입

　이 책자는 지난 4년간 NYPD가 범죄 피해자를 돕는 방법을 강화한 101가지 정책을 소개한다. 중요한 계획들은 내외부의 자문을 받은 결과물이다. 우리는 지휘부에 경찰청의 모든 국들과 경찰관들이 다음 두 가지 단순한 질문을 하도록 설문조사를 요청했다. 당신은 현재 범죄 피해자들과 어떻게 소통하고 있는가? 그리고 당신은 그러한 소통방법을 어떻게 개선할 수 있는가? NYPD의 모든 기능이 설문조사에 응했으며, 911 신고 전화의 접수와 현장 출동으로부터 재판 후 피해자들에게 그들의 물건을 돌려주는 절차까지 경찰청 내 모든 분야를 조사했다.

　우리는 다양한 방법을 통해 피해자를 돕는 피해자 지원단체들과 피해자 지원업무 수행자들로부터 의견을 들었다. 우리는 다양한 협력회의 그리고 업무수행팀의 회의에 참석했다. 또한 뉴욕 전역에 있는 피해자 지원단체들을 만났고 범죄 피해자 모임을 운영했으며 우리는 범죄 피해자를 돕는 사람들과 분기별 모임을 개최하여 그들의 의견을 듣는 새로운 방법을 만들었다. 우리는 이미 종결되고 삭제된 성폭력범죄 사건들의 변호인들을 만나 피해자들에게 배상할 수 있는 좋은 방안을 제안하도록 했다. 또한 현장에 나가 증오범죄의 피해자와 노인학대의 피해자들과 동성애자들의 권익 보호를 위해 일하는 사람들을 만났으며 장애인들의 대표를 만나 그들의 아이디어를 실행하기 위해 그들의 의견을 들었다. 우리는 다양한 종교 커뮤니티를 만났다. 이 모든 만남에서 우리는 항상 "우리가 범죄 피해자들을 돕기 위한 방법을 어떻게 개선할 수 있는지."를 물었다.

　우리는 이러한 광범위한 평가로부터 도출된 제안을 검토했으며, 가능한 한 언제든지 그 제안들을 집행했다. 어떤 것들은 우리의 훈련과정에 포함시켰으며 어떤 것들은 우리의 정책과 절차의 수정을 요구했다. 어떤 것들은 단순히 절차상 용어를 바꾸는 것이었는데 이는 범죄 피해자들에게는 매우 커다란 의미가 있는 것이었다.

　우리는 경찰청 내외부의 동료들로부터 아이디어를 얻는 등 도움을 받았다. 우리는 그들이 기여의 증표로서 이 책을 보기를 희망한다. 이 책자는 현재 상황에 관한 보고서이지 최종 보고서는 아니다. 우리의 과제는 현재 진행 중에 있으며, 우리는 범죄 피해자를 보다 훌륭하게 돕기 위한 새로운 101가지 정책을 개발하기를 기대한다.

☐ 트라우마 누그러뜨리기

범죄의 피해자들은 여러 가지 방법으로 트라우마를 경험한다. 그러나 많은 피해자들이 장기간 지속되는 충격을 받는다. NYPD는 적극적인 상호 소통을 통해 피해자들에게 다양한 지원을 제공하고 가능한 한 많은 자원을 제공하여 그들의 트라우마를 경감시킨다. NYPD는 범죄발생 후 다양한 지점에서 피해자들과 소통할 수 있기 때문에 우리는 트라우마를 감소시킬 수 있는 많은 기회를 얻는다.

1. 범죄 피해 지원 프로그램

범죄 피해자에 대한 지원을 개선하는 NYPD 노력의 핵심은 범죄 피해자 지원 프로그램(Crime Victim Assistance Program, CVAP)이다. 이 프로그램은 NYPD가 개발하고 전국에서 가장 크고 종합적인 피해자 지원 단체인 '세이프 호라이즌(Safe Horizon)'에 의해 인력이 갖추어진 최초의 계획이다. CVAP는 NYPD의 모든 경찰서에 2명의 피해자 보호관을 배치했다. 한 명은 가정 폭력범죄의 피해자를 돕는 데 전문가이며, 다른 한 명은 나머지 모든 범죄의 피해자를 돕는 전문가이다. 많은 경찰서들의 관할 지역과 NYPD 주택국 소속 공공주택 경찰서(Police Service Areas, PSAs)의 관할에서 발생하는 가정폭력 피해자를 돕는 업무를 수행하며 NYPD는 77개의 모든 경찰서와 9개의 '공공주택 경찰서(PSAs)'에서 최초로 모든 범죄를 위한 보호관을 배치해 운영하고 있다. CVAP는 그 규모와 깊이와 협력적이 방법에서 최초의 프로그램이 되었다.

CVAP은 사람들을 찾아가고 있는데, 이들은 범죄 피해자임을 증명할 필요가 없으며 폭력을 경험하거나 다른 여러 가지 방법으로 피해를 입은 사람들이다. 여기에는 비폭력 범죄의 피해자도 포함되며, 지원을 받기 위해 어느 기관을 찾아가야 하는지를 알지 못하는 사람들도 포함된다. 범죄 피해자의 필요와 관심이 해결되는 즉시 피해자들은 안전감을 느낄 수 있고 트라우마로부터 벗어날 수 있고, 일상의 생활을 회복할 수 있다. 그들이 원한다면 그들은 형사재판 과정에도 참여할 수 있다.

매일 아침 모든 경찰서에서 피해자 보호관들은 전날의 범죄 관련 보고서를 읽는다.

그들은 그 후 모든 범죄 피해자들을 찾아간다. 그들은 피해자들에게 경찰청이 그들에게 일어난 일을 어떻게 처리하고 있으며 지원을 제공하는지 설명한다. 어떤 경우에는 한 명의 보호관이 접촉하는 것으로 충분하지만, 다른 어떤 경우에는 보호관이 수 주 동안 어떤 사람과 합동으로 일해야 하며, 공공주택으로 피해자를 옮겨야 하며, 주의 보상 프로그램에 복잡한 신청서를 작성하여 제출하는 일을 한다. 또는 누군가가 살해되었을 때 장례 절차를 진행한다. 종종 보호관들은 피해자들을 도와 형사사법절차를 이해하도록 돕거나 형사사법절차를 수행하도록 돕는 일을 한다.

⋮

"범죄의 피해자가 되면 폭력과 피해 이후에도 오랫동안 고통과 감정적인 취약성이 지속된다. 누구도 이 일을 혼자 감당할 수 없다. CVAP를 통해 범죄의 피해자가 된 어떤 뉴욕 시민들도 필요한 지원을 받을 수 있다."

CVAP의 구성 요소

• 현장 소통 편지: 모든 범죄 피해자는 관할 경찰서장의 서명이 있는 현장 소통 편지를 받는다. 이 편지에서 CVAP 프로그램을 소개하고 보호관들의 연락처를 제공한다. 이 편지는 피해자들이 겪고 있는 특별한 어려운 점들을 피해자들이 잘 대응할 수 있도록 돕는 NYPD의 노력을 소개한다. 비록 보호관들이 교통국의 지역 본부에는 배치되어 있지 않지만 교통국의 범죄 피해자들에게도 이와 유사한 편지가 전달된다. 이 편지에는 세이프 호라이즌의 범죄 피해자 지원 핫라인에 관한 정보를 안내한다.

• 전화 현장 소통: CVAP 보호관들은 피해자들이 돕도록 특화된 인력과 부서에 접촉할 수 있도록, 피해자들과 전화로 소통하며 관련 정보를 제공한다. CVAP가 운용되기 전까지 지난 수십 년 동안 단지 몇몇 경찰서만 가정폭력 피해자들에게 다가갈 수 있는 능력을 가졌으며, 대부분의 피해자들은 그들 혼자의 힘으로 도움을 줄 수 있는 관련 부서와 인력들을 찾도록 방치되었다.

• 가정 방문: CVAP 보호관들은 경찰관들과 파트너십을 맺고 있는데 이는 가정 방문 시 도움을 받기 위함이다. 과거 가정방문은 가정폭력 사건에 한해 이루어졌다. 그러나 지금은 가정방문이 다른 범죄의 피해자들에게도 이루어진다. 이러한 방문은 피해자 보호관들과 경찰관들에게 안전하고 친숙한 환경에서 피해자들을 만나도록 허용하고 있다. 그들

은 경찰서에 오는 것을 꺼리거나 경찰서 나오기 어려운 사정이 있는 피해자들, 예를 들어 고령자 등 외출이 어려운 사정이 있거나 심각한 부상을 입은 피해자들을 위한 좋은 제도이다.

⋮

"피해자들은 그들이 겪은 경험을 통해 심각한 트라우마를 얻을 수 있다. 세이프 호라이즌에서의 우리의 목표는 피해자들이 가장 필요로 하는 시간대에 그들을 돕는 것이며, 수요자 중심의 업무진행이며, 트라우마를 잘 알고 대처하는 것이다."

_에어리얼 즈왕, 선임 집행 이사, 세이프 호라이즌

⋮

"CVAP 보호관의 방문은 정확하고 적절했다. 그녀는 비밀스럽게 대화하기를 원하는 고령자들과 이야기하기 위해 시간을 들였다. 당신은 퀸즈 보로우의 제113경찰서 관내에서 이 보호관이 CVAP 프로그램을 운영한다는 것에 대해 자부심을 느낄 것이다."

_로렐톤 클럽, 아프리카계 미국인의 사업과 전문여성클럽의 국립협회

• 보호: CVAP 직원들은 피해자들을 위해 그룹을 만들 수 있다. 즉, 고용주와 집주인, 기업가들, 정부기관들, NYPD 등과 협력해 피해자를 돕고 있다. 예컨대 한 명의 CVAP 보호관은 우편물 절도에 의해 3개월치 렌트비를 내지 못하고 있는 상황에 놓인 피상담원을 도왔다. 그 피상담원은 그녀의 돈을 돌려받기를 원했지만 그녀의 집주인과 관계를 적절히 운영하는 것을 도와줄 사람이 없었다. 그 보호관은 우편환 회사에 전화했고, 그녀의 피상담원이 우편환 회사로부터 돈을 환급받을 수 있도록 피상담원이 신청서를 작성하는 것을 도왔다. 또한 그녀의 피상담원을 위해 3개월치 렌트비를 우편환 회사로부터 돈을 환급받을 때까지 노력했다. 결국 그 보호관은 일반적으로 180일인 환급기간을 1개월로 단축시켰다. 이로써 그 피상담원은 집주인이 허용한 정한 시간 내에 집주인에게 렌

트비를 지불할 수 있었다.

　・커뮤니티 참석: CVAP 보호관들은 정기적으로 피해자들이 그들에게 필요한 도움을 찾을 수 있도록 커뮤니티 회의에 참석한다. 보호관들은 학교에서 개최되는 모임과 프로그램들과 고령자를 위한 시설들과 시민 모임과 예배장소에 1,600회 이상 참석하여 그들의 분명한 메시지를 전달했다. NYPD는 피해자들이 그들의 삶을 재건할 수 있도록 돕기를 원한다는 내용의 메시지였다. 현장 방문의 주제는 위험평가, 피해의 반복을 막기 위한 안전계획, 범죄의 충격, 범죄 피해자에게 도움이 될 수 있는 자원과 업무의 범위 등이 포함된다.

　・역할 전화 응대 훈련: 보호관들은 그들이 배치된 경찰서에서 경찰관들을 위해 역할 전화 응대 훈련을 실시한다. 훈련 주제는 보호관의 역할, 피해자들이 이용할 수 있는 자원과 서비스 등이다.

　・피해 보상: CVAP 보호관들은 피해자 보상을 신청하는 범죄 피해자들을 지원한다. 이는 뉴욕주에서 매우 가치 있는 제도이지만 활용되지 않고 있다.

⋮

"트라우마를 경험한 어린이와 청소년들은 특별한 관심이 필요하다. 우리는 오랫동안 충격이 지속되는 트라우마를 다루는 효과적인 팀의 일부인 것을 매우 기쁘게 생각하며 이를 경감시키기 위해 노력하고 있다."

캐스린 화이트, 경감, 가정폭력팀, 경찰청 총괄국

2. 어린이 트라우마 대응팀

NYPD은 세이프 호라이즌팀과 협력하여 어린이 트라우마 대응팀(Child Trauma Response Teams, CTRTs)을 만들었다. 예일대학교 어린이 폭력 트라우마 센터의 도움으로 어린이 트라우마 대응팀은 가정폭력에 노출된 어린이들의 부정적인 충격을 감소시키기 위해 만들어졌다. 예를 들어, 이 팀은 심각하고 반복되는 가정폭력 사건을 목격한 어린이를 24시간 내에 가정방문한다. 현장 출동팀은 어린이 보호와 함께 '외상 후 스트레스 장애'(Post−Traumatic Stress Disorder, PTSD)를 조사하고, 의무적 조치로서 가족 구성원들에게 필요한 치료방법을 검토한다.

3. 정신건강 응급치료 훈련

뉴욕시의 건강과 정신 위생국은 임상의사와 NYPD 강사들이 교통 집행 현장과 주민 접촉 현장과 학교 안전업무 수행 중인 시민 근무자에게 정신건강 인지능력을 강화시키고 있다. 8시간의 교육훈련을 통해 이들은 정신적 어려움을 겪고 있거나 행동 면에서의 건강문제의 징후들을 인지하는 훈련과 전문적 대응이 필요한 사람들을 전문가에게 의뢰하는 훈련을 받는다. 전문적 도움을 찾도록 돕는 일은 범죄 피해를 당한 후 혼자서 범죄 후 발생되는 어려움을 대처하며 고립감을 느끼는 범죄 피해자들에게 매우 유용하다.

4. 강력계 형사들을 위한 훈련

세이프 호라이즌은 새롭게 발령받은 강력계 형사들에게 강력범죄 피해자들의 가족과 소통하는 방법과 일반적인 트라우마 반작용과 그 밖의 다양한 트라우마 현상들에 대해 훈련시킨다.

5. 아동 감수성 체포

아동의 부모를 체포하는 동안 경험할 수 있는 트라우마를 감소시키기 위해 새로운 절차는 경찰관들에게 아동이 듣거나 볼 수 있는 장소를 벗어나 체포하도록 지시하고 있다.

6. 체포 후 아동 돌봄

아동들은 특별히 부모가 체포되었을 때 취약하다. 경찰청은 아동의 건강상태를 체크하며, 체포된 부모에게 아동의 위치를 알려준다. 이러한 정책을 설명하는 포스터들이 뉴욕시내의 교도소 내에 붙여 체포된 사람들은 NYPD에게 돌봄이 필요한 아이에 대해 돌봄을 요청할 수 있도록 한다.

"우리는 청소년들의 방을 따뜻하고 조용하게 만듭니다. 최종 결과물이 잘 나왔습니다. 비록 어떤 아이들이 경찰서에 있는 동안 혼란스러울지라도, 그곳에서 일하는 사람들과 이야기하는 것은 아이의 전체적인 감정을 호전시킵니다. 학생들과 이 프로젝트에 참여하는 NYPD 경찰관들과의 사이의 연결은 우리로 하여금 경찰관과 지역사회의 관계의 장래에 관해 낙관적으로 보게 합니다."

_패트릭 버틀러, 퍼브릭컬러[1]

7. 청소년 방

NYPD는 모든 경찰서와 주택국 소속 경찰서와 교통국 관할구역 내에 16세 미만의 청소년들을 면담할 수 있는 장소를 마련하여 운영하고 있다. NYPD는 뉴욕시내의 98개 청소년 방 전체를 재설계하고, 해당 지역의 청소년들과 미술 관련 조직과 파트너십을 맺은 후, 새롭게 페인트칠을 하고 인테리어를 새롭게 하였다. 청소년 발전 프로그램과 청소년 피해자 중심 서비스에 관한 정보를 이들 방에서 얻을 수 있다.

8. 가림막

NYPD는 세로 4피트, 가로 8피트의 가림막을 사용하여 범죄 현장, 교통사고 현장, 기타 중상해나 사망사고 현장에서 외부의 시야를 차단한다. 이 차단막은 피해자들이 이동할 때 필요에 따라 다시 설치된다. 모든 순찰차량은 가림막이 현장에 도착할 때까지 범죄현장의 핏자국을 가리는 데 사용하는 노란색 방수막을 갖고 있다.

9. 성폭행 피해자를 위한 응급 의료 절차

NYPD는 소방당국의 응급의료 서비스팀과 함께 작업하여, 성폭력 피해자를 돕는 절차를 보다 명확하게 하는 매뉴얼을 새로 만들었다. 이 매뉴얼은 성폭력 피해자에게 최초로 출동한 경찰관이 성폭력 조사(Sexual Assault Forensic Examiner, SAFE) 프로그램을 갖춘 병원으로 이송하는 선택을 피해자가 할 수 있도록 설명하도록 요구하고 있다. 비록 이 프로그램을 갖춘 병원이 가까운 곳에 있지 않더라도 경찰관은 이를 알려주어야 한다.

---

1 저소득층 또는 학교를 그만둘 위험에 있는 학생들을 위해 공공장소에 환경을 개선하는 미술작품이나 페인트칠을 하는 활동을 통해 생활 및 학업 자금을 지원하는 비영리단체.

10. 교통국 지휘부의 범죄 피해자 지속 지원

교통국의 지휘부 경찰관은 특별히 취약한 범죄 피해자를 지속 지원한다. 고령 피해자와 아동 피해자의 부모, 트라우마가 동반된 사고의 피해자 등을 포함한다. 이는 그들이 효과적이고 효율적인 경찰 서비스를 받는 것을 보장하기 위함이다. 지휘부 경찰관은 피해자들이 추가적인 도움을 받을 수 있도록 피해자들을 피해자 보호관에게 소개한다.

제목 : NYPD로부터의 추가 안내

OOO 귀하

지하철에서 당신에게 일어난 일은 잘못된 것입니다. 그것은 개인적인 침해일 뿐만 아니라 형사범죄입니다. 나는 이번 범죄를 매우 심각하게 받아들이고 있으며 우리의 필요한 모든 자원을 동원해 당신에게 피해를 준 사람들과 같은 범죄자들의 신원을 파악하고 체포하기 위해 노력하고 있습니다. 우리의 지역 교통센터의 지휘부와 당신의 사건을 수사 중인 형사들이 당신을 만날 것입니다.

당신의 진정한 친구로서,

에드워드 데라토레

교통국 국장, NYPD

⋮

"나는 우리가 범죄 피해자들을 돌보고 있고, 가능한 한 돕기를 원한다는 것을 범죄 피해자들에게 알리기 위해 그들을 만난다."

_자히드 윌리암, 경감, 교통국 33구역

11. 인신매매 피해자 면담

범죄 피해자들은 24시간 인신매매를 신고할 수 있다. 전용 신고전화를 통해 피해자들은 훈련받은 전문 조사관들과 대화할 수 있다. 이 전용선은 피해자들이 그들의 경험을 여러 번씩 반복할 필요를 줄이며 수사절차를 신속히 진행하도록 돕는다.

⋮

만약 당신이 돈이나 생계를 위해 또는 다른 필요 때문에 또는
누군가가 당신이 필요한 서류를 강제로 확보하고 있기 때문에
성매매를 하는 것을 강요받는다면 당신은 인신매매의 피해자입니다.

우리는 당신을 도울 수 있습니다. 전화하세요.
NYPD 인신매매 전용 신고전화 646-610-7272

NYPD Human Trafficking Team

⋮

"우리는 인신매매 피해자들에게 탈출할 방법이 있다는 것과 그들을 도와줄
사람들이 있다는 것을 알리기 위해 가능한 모든 방법을 사용할 것이다."

_크리스토퍼 샤프, 경위 수사팀장, 퇴폐사범 단속부, 주요사건과, 인신매매팀

12. 보온 담요

NYPD의 모든 노출, 비노출 차량에는 범죄 피해자의 체온유지와 신변보호를 위해
종이 두 장 두께의 일회용 보온 담요가 비치돼 있다.

13. 특별 피해자 수사팀에 대한 직접적인 접촉

긴급상황이 아닌 경우에도 병원과 대학과 공공기관은 어떤 성범죄에 대해서도 특별
피해자 수사팀(Special Victims Division)에 직접 전화하고 문의할 수 있다. 이는 훈련받은
경험이 있는 수사관들이 피해자와 최초 인터뷰를 하며 수사를 시작할 수 있도록 한다. 따
라서 피해자를 위해 많은 인터뷰 횟수를 줄일 수 있다.

14. 신규 채용 훈련

• 범죄 피해자들: 신규 채용 훈련과정은 수정되고 업데이트되어 범죄 피해자들에 대한 보다 많은 정보와 상호 소통에 관한 정보를 제공한다. 이 훈련은 신규 채용자들이 피해자가 겪고 있는 트라우마와 피해자들이 직면한 어려운 점을 이해하도록 도우며, 피해자들을 안전하게 보호하는 문제와 관련해 피해자를 어떻게 도울 수 있는지에 대해 교육하고 있다. 부가적으로 신규 채용자들은 범죄 피해자를 도울 수 있는 기관과 각종 자원에 관한 참고 목록을 제공받는다.

• 성폭력 범죄 피해자들: 성폭력 범죄에 관한 신규 채용자는 트라우마에 관해 습득한 지식을 바탕으로 수사 과정 전반을 이해하고, 순찰팀과 특별 피해자 수사팀 사이에서 사건의 윤곽을 잘 설명하며, 형사사법 절차에의 참석과 피해자 보상 절차를 도와주는 경찰관 보고서를 작성하는 훈련을 받는다.

• 인신매매 범죄 피해자들: 모든 신규 채용자들은 인신매매의 징후들을 인지하도록 훈련받는다. 학령범위 내의 피해자들을 위해 이들 징후들은 상습적인 무단결석, 나이에 어울리지 않는 말투와 용모, 나이 많은 파트너와의 만남 등을 포함한다. 그 밖의 다른 징후들로는 몸에 문신을 새기거나 신체적인 학대 표시, 핸드폰이나 호텔 키 다수를 갖고 있는 행위 등이 있다.

15. 피해자 보호기관 안내

형사들은 피해자 보호기관들에 대한 상세한 정보를 제공받는다. 이로 인해 그들은 보다 상세한 정보를 피해자들에게 제공할 수 있다. 현재 형사들이 피해자 지원기관의 전화번호뿐만 아니라 그들이 이용할 수 있는 자원과 기관에 관한 정보를 범죄 피해자에게 제공할 수 있다. 이로 인해 피해자들이 지원기관에 접근할 가능성이 증가하고 있다.

⋮

"우리는 NYPD가 성범죄 관련 인신매매범을 검거하려는 적극적인 노력을 기울이고 있는 것에 대해 감사하고 있다. 그들은 '레스토어'와 같은 비영리 단체들과의 파트너십을 통해 피해자들을 위한 안전과 지원을 중요시하고 있다."

16. 인신매매 사건에서의 비영리단체와의 파트너십

인신매매 피해자들은 종종 스스로 피해자임을 인식하지 못한다. 많은 사람들이 경찰을 불신하며, 그들의 인신매매범들의 보복을 두려워한다. 이러한 장애를 극복하는 한 가지 방법은 '소녀들에게 대한 교육과 멘토 서비스(Girld Educational and Mentoring Services, GEMS)', 폴라리스 프로젝트(Polaris Project), 레스토어(Restore), '어린이 성매매와 인신매매 퇴치(End Child Prostitution and Trafficking)', 가정 보호 쉼터(Sanctuary For Families)와 그 외의 피해자들을 돕는 여러 기관들과 함께 일하는 것이다. 경찰청은 현재 정기적으로 인신매매 단속기관들과 함께 일하고 있다.

17. 치명적인 부상에 대비한 트라우마 키트

순찰차들은 현재 치명적인 부상으로 인한 출혈을 멈추는 데 사용하는 트라우마 키트를 갖고 있다. 이 키트는 신속 지혈 거즈와 지혈대로서 이들은 경찰관들이 응급 의료 서비스팀의 출동을 기다리는 피해자들을 안전하고 효과적으로 돕는 데 사용된다. 2016년 이 프로그램이 시행된 이후 경찰관들이 키트를 이용해 생명을 구한 사례가 다수 있다.

18. 10대의 데이트 폭력 예방 안내서

경찰청은 경찰청 최초로 10대 데이트 폭력 예방 안내서를 출간했다. 이는 학대를 구별하는 방법과 도움을 어디에서 어떻게 구하는지에 관한 정보를 담고 있다. 이 책자는 영어와 스페인어로 인쇄되었다. 10만 부가 현장 근무 시 배포되었다. 경찰청 운영 청소년 체육 프로그램 운영 센터와 형사 범죄 피해자 보호 기관들과 경찰서, 공공주택 관할 경찰서, 교통국의 지역 분소와 패밀리 저스티스 센터 등에 배포되었다.

19. 감찰국의 '생활 건전성 체크'

피해자들이 경찰관의 위법 행위를 신고하면 감찰국은 조사를 진행한다. 한편 감찰국은 '생활 건전성 체크 프로그램'[2]을 시행하고 있는데, 감찰국은 반복적으로 신고하고 불안정해 보이는 시민들이 이용 가능한 서비스에 관한 정보를 제공한다.

20. 성폭력 관련 대응 안내서

뉴욕시내의 5개 보로우에는 성폭력 태스크 포스팀이 있다. 이 팀은 관할 검찰청 공무원들과 공공 병원과 사립 병원 그리고 형사범죄 피해자 지원 기관들과 NYPD로 구성되어 있다. NYPD는 이들 파트너 기관들이 제공한 정보를 통해 성폭력 대응 안내서를 업데이트했다. 새로운 안내서는 위험 감소 요령, 잘못된 개념에 대한 바른 이해와 성 범죄 피해이후 무엇을 해야 하는지에 대한 요령을 안내한다. 8개 언어(스페인어, 중국어, 아라비아어, 아이티어, 이탈리아어, 한국어 등)로 번역되었으며, 이 책자는 병원과 범죄 피해자 지원 기관과 패밀리 저스티스 센터와 보로우 장 사무실과 지역 검찰청 사무실과 대학에 배포되었다.

21. 아동 보호 교환

가정 폭력 등으로 인해 법원으로부터 해당 부모와 자녀의 분리를 명령받은 경우, 자녀가 정기적으로 부모를 만나는 장소는 안전하고 중립적인 장소여야 한다. 뉴욕시 가정법원은 이를 위해 아동보호와 방문 문제에 관여된 반대측 부모에게 NYPD의 지정된 시설에서 자녀를 만나도록 명령한다. 경찰청은 부모와 자녀가 만나는 것을 감독하는 경찰관에게 자녀와 부모의 만남을 문서로 작성하도록 하는 새로운 절차를 만들었으며, 제복

---

2 '생활 건전성 체크 프로그램'은 경찰청이 자살 우려자 등에 대해 911 신고를 접수한 경우 자살 징후를 사전에 파악하고 지원이 가능한 기관에 대한 정보를 신고자에게 제공하거나 관련 기관과 협력하여 대응하는 제도이다.

경찰관을 이곳에 배치하여 이들 각자를 감시하도록 하였다.

22. 재산 회수와 조사 법원의 안내 책자

사망사건이 발생한 이후 해당 장소에 자신의 재산을 확보하러 가는 것은 커다란 스트레스를 유발하는 것이다. NYPD는 유가족들에게 재산을 어떻게 가지러 가는지에 관해 조언하는 안내책자를 발간했다. 이 책자는 유언법원에서의 절차에 관한 정보를 포함하고 있다. 새로운 안내책자는 뉴욕시내에서 거의 매일 장례식을 진행하는 '메트로폴리탄 장례 지도사 협의회'로부터 지원을 받아 배포했다.

23. 재난 후 피해자 지원 절차

트라이베카에서의 2017년 10월 31일 차량 공격 이후 NYPD는 FBI, 뉴욕주 피해자 지원국, 세이프 호라이즌과 협력하여 피해자와 그의 가족을 위한 피해자 지원 업무를 했다. 이 사고는 규모가 너무 커 뉴욕시의 비상관리부서(Office of Emergency)가 그들의 계획을 운영하기에는 조직이 너무 작다는 것이 드러남에 따라, 이와 유사한 사고에 대비해 대응절차를 새롭게 수정할 필요가 있음을 알게 되었다. 새로운 절차규정은 범죄가 발생한 것과 테러가 의심되는지 여부를 경찰관의 보고서에 포함시켜야 함을 강조했다. 이 수정된 절차 규정으로 피해를 입은 사람들이 피해자 보상과 다른 사회적 지원을 받을 수 있게 되었다.

24. 신고 전화 요원

911 전화 수신 공무원은 그들이 범죄현장으로 초동 출동 경찰관을 보내자마자 즉시 "도울 경찰관이 가고 있음"을 말해주도록 훈련받았다. 이러한 확인은 전화 수신 요원이 전화를 건 사람으로부터 정보를 계속 얻는 동안 신고자가 받는 강박감 또는 스트레스를 완화시킨다.

25. 충돌 전문용어

'교통사고'라는 용어는 사고와 관련된 책임이나 잘못이 없을 수 있다는 잘못된 인상을 준다. 그러므로 NYPD는 '교통사고'라는 용어대신 '충돌'이라는 용어를 사용한다. 이러한 용어의 사용은 NYPD가 사건보고와 수사절차를 진행하는 동안 NYPD로 하여금 이러한 사고들을 잠재적인 범죄와 형사 피해자로서의 개인으로 다루도록 만든다.

26. 911 지령요원들의 동승

911 지령요원들은 순찰차에 탑승한다. 이는 지령요원들이 피해자로부터 얻어 전달하게 될 정보와 피해자에게 출동하는 경찰관들의 업무와 긴급함을 보다 잘 이해하도록 돕는다.

② 증거 보강하기

피해자가 범죄를 경찰에 신고할 때, 경찰청은 범죄자의 신원을 밝혀내기 위한 모든 방법을 다 동원하고 충분한 증거를 수집할 의무가 있다. 좋은 의사소통 기술, 범죄의 충격과 트라우마가 기억과 정서에 어떻게 영향을 주는가에 대한 깊은 이해, 강화된 수사 기술들은 증거가 보강된 사건으로 인도한다.

27. 가정폭력사건의 가정용 키트와 팔로우업 사진들

사건이 발생한 후 24시간에서 72시간 사이 멍이 변화하기 때문에 경찰관들은 사건이 발생한 후 수일 동안 부상 부위에 대한 추가적인 사진을 찍도록 훈련받는다. 이러한 증거는 기소 확률을 높인다.

28. 목 졸림

경찰청의 550명 이상의 제복 공무원과 시민 근무자, 150명 이상의 정부 공무원과 비영리 보호관은 사망에 이르게 하지 않은 목 졸림의 표시와 증상들을 구분하도록 훈련받았다. 또한 살아남은 피해자와 사망한 피해자의 부검과 의학적 외관 인식, 기소를 위한 수사서류 작성, 그리고 가장 중요한 트라우마에 대해 충분히 알고 있는 보호기관을 통한 피해자의 안전 확보 등에 관한 훈련받았다. 경찰청은 목 졸림에 관한 부상과 증상을 평가하는 일을 수행하고 있다. 아울러, 목 졸림과 숨 쉬는 것을 강제로 막는 것의 차이에 대해 특별한 주의를 기울일 필요가 있다. 이는 범죄자를 검거하는 데 있어 중요한 표시가 된다.

"이러한 훈련의 결과, 우리는 목 졸림에 대한 보다 깊은 이해를 갖게 되었다. 범인들은 그들이 피해자를 죽일 수 있다는 사실을 보여준다. 우리는 범인들을 처벌하기 위해 더 많은 것을 익혀야 한다."

_마틴 모랄레스, 부팀장 가정폭력팀

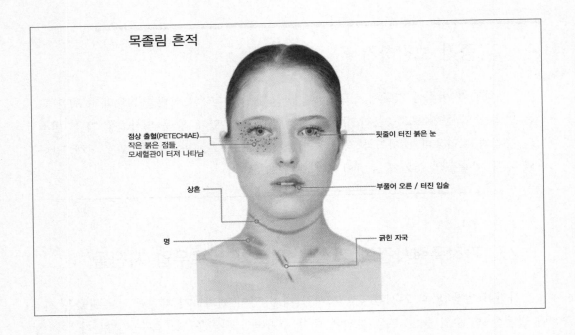

목졸림 흔적

점상 출혈(PETECHIAE)
작은 붉은 점들,
모세혈관이 터져 나타남

핏줄이 터진 붉은 눈

상흔

부풀어 오른 / 터진 입술

멍

긁힌 자국

29. 성폭력 수사 비디오

경찰청장 제임스 오닐은 모든 성범죄의 철저한 수사를 강조하는 비디오를 제작하도록 했다. 이 비디오는 모든 제복 경찰관들이 의무적으로 시청해야 한다. 이 비디오는 어떤 성폭력 수사이든 공공의 안전을 증진하고 연쇄범죄를 막는 잠재력이 있다.

30. 가정폭력 초동 출동 훈련 비디오

NYPD는 순찰 경찰관의 가정폭력에 대한 이해를 증진하기 위한 비디오 7편을 제작했다. 이 비디오들은 가정폭력 사건에 출동하고 수사하는 모범적인 실천방법을 안내한다. 가정폭력에 대한 소개를 포함하여 증거 수집, 목 졸림, 노인 학대, 아동 학대, 동물 학대, 스토킹 등의 주제를 다룬다.

31. 가정폭력과 총기 접근

초동 출동 경찰관들은 최초 범죄현장에 출동하는 동안 피해자에게 가해자가 총기를 소지할 수 있는지 묻는다. 현재 가정폭력 경찰관들은 범인 체포 이후 추가로 가정을 방문할 때도 총기가 있는지와 임의로 가정을 수색할 수 있는지를 물으며 필요하면 수색영장을 청구한다.

32. 법의학적인 실험적 트라우마 인터뷰
(Forensic Experimental Traumatic Interview, FETI)

신경생물학적 연구로 얻어진 이득으로서, 트라우마를 경험하고 있는 사람들과의 법의학적인 실험적 트라우마 인터뷰는 조사관들이 보다 효과적이고 온정적으로 증거를 수집하도록 한다. NYPD의 전체 특별 피해자 부서와 다른 몇몇 부서의 수사관들은 법의학적인 실험적 트라우마 인터뷰 기법을 훈련받았다.

⋮

"FETI 접근법은 범죄 피해자가 폭력피해 사건의 상세한 내용을 시간대순으로 기억할 수 있다는 믿음을 준다. 이 접근법은 보다 철저하고 민감한 수사 인터뷰를 할 수 있도록 한다. 이는 NYPD의 특별 피해자 부서의 커다란 진보를 이끌었다."

_메리 하비랜드, 변호사, 집행 책임자, 성폭행 사건에 대한 뉴욕시 연합회

33. 가정폭력 담당 경찰관 훈련

동물을 학대하는 사람들은 그렇지 않은 사람들보다 사람들에게 해를 줄 가능성이 5배 더 높다고 한다. 즉 동물을 학대하는 것은 파트너에 대한 폭력을 예고하는 가장 중요한 표시이다. 가정폭력 대응팀은 동물 학대 예방을 위한 미국 소사이어티와 연합하여 가정폭력의 일환으로서 동물 학대에 대해 모든 가정폭력 담당 경찰관을 훈련시키고 있다.

34. 법의학적 추출

경찰청은 경찰관이 피해자의 승낙하에 피해자의 핸드폰으로부터 정보를 신속히 다운로드하도록 법의학적 정보 추출 기술을 사용한다. 이러한 능력은 NYPD가 증거를 빠르

게 확보하고 핸드폰을 피해자에게 돌려주기 때문에 피해자의 부담을 경감시킨다. 이는 피해자가 소중한 정보를 기꺼이 제공할 가능성을 증가시킨다.

35. 바디 착용 카메라

현장 출동 경찰관과 가정폭력 담당 경찰관들은 가정폭력 사건에 출동하거나 이후 재방문시 바디 착용 카메라를 작동시키도록 훈련받는다. 이러한 추가적인 증거의 수집은 사건의 유죄 판결률을 개선시키고 있다. 예컨대 퀸즈 지역에서 3급 폭력사건의 유죄 판결률은 바디 부착 카메라로 채증하였을 때 20% 증가하였다.

⋮

"지하철국의 증인 진술서는 지하철 성범죄에 대한 기소를 지원하는 데 매우 유용함이 증명되었다. 현장 실무에서 우리는 대부분의 형사범죄 판사들이 이러한 증인들의 증언을 보강증거로서 받아들인다. 피고인들의 기소 여부를 판단하는 재판에서 이러한 진술의 활용은 우리가 중요 사건들을 법정 기한 내에 마무리할 수 있도록 하고 있으며, 보다 많은 피고인들이 유죄의 판결을 받을 수 있도록 해준다."

_마사 배쉬포드, 성범죄 팀장, 맨해튼 검찰청

36. 지하철국 성범죄 피해자 진술서

지하철에서 성범죄가 발생한 직후 피해자들은 개인적인 진술서를 작성하도록 요구받는다. 이 진술서 양식은 새롭게 만들어진 것으로 피해 현장에서 간편하게 작성할 수 있으며, 피해자들은 경찰관의 보고서를 간편하고 정확하게 보강할 수 있다. 2016년 4월 이후 1,100건이 넘는 진술서들이 제출되었다.

37. 지하철에서의 성추행

지하철국은 일 년에 6회 뉴욕 전역에서 경찰관들을 대상으로 훈련을 실시한다. 비영리 단체인 홀라백(Hollaback!)이 이 과정에 참여하여 피해자의 정신적, 감정적 건강에 영향을 미치는 효과와 언어 폭력에 관여한다.

38. 특별 피해자 부서의 용어

특별 피해자 부서는 더 이상 피해자나 수사상 증인들을 특징짓는 "비협조적"이라는 용어를 사용하지 않는다. 피해자가 사건에 관해 그들의 마음을 바꿨을 경우, 특별 피해자 부서는 "피해자들이 현재 그들의 참여를 계속하지 않는다."라거나 "그들의 고소를 철회했다."라고 이야기할 것이다.

⋮

"우리는 학생들을 안전하게 보호하는 방법에 관해 더 많이 배우기를 항상 갈망하고 있다. 인신매매사범 대응 훈련은 우리에게 범죄에 취약한 젊은이들을 돕고 보호하는 추가적인 방법을 제공하고 있다."

_이본 클락, 학교안전요원, 맨해튼 북부 커맨드센터

39. 인신매매 훈련

NYPD는 학교안전요원들과 학교 교장선생님들에게 학교 주변에서 볼 수 있는 인신매매사범을 알아볼 수 있는 특징에 대해 교육을 실시했다. 부가적으로 인신매매팀은 가정폭력과 젊은이들 사이에서의 데이트 폭력과 싸우고 있는 비영기 단체인 '데이 원(Day one)'과 협력하고 있다. 또한 NYPD는 이들과 협력하여 지하철국 경찰관들을 훈련시키고 있다. 특히 지하철에서 많은 시간을 보내는 청소년들은 인신매매에 노출되기 쉽다. 이후 지하철국 경찰관들은 보다 능숙하게 인신매매 사건에 접근하고 있다.

40. 인신매매 비디오

NYPD는 순찰 경찰관들을 위해 인신매매 피해자와 범인들을 인식하는 방법에 관한 비디오를 제작하였다. 이 비디오는 보다 심도 있는 수사를 위해 인신매매 수사팀에게 인신매매 가능성이 있는 사건에 대해 알려주는 것의 중요성을 강조하고 있다.

41. 인신매매 합동 태스크 포스

2017년 경찰청은 본질상 사법관할이 다수 중첩되는 인신매매 사건에 대응하기 위해 FBI와 연합하였다. 새로운 합동 태스크 포스팀의 임무는 효율적이고 시간적으로 적절하며 강력한 수사기법을 개발하는 데 있다.

⋮

"라이브온 뉴욕 방송은 NYPD와 일하는 것을 자랑스럽게 생각한다. 많은 다른 도시의 기관들과 비영리 단체들은 노인학대에 대응하기 위해 우수한 훈련용 비디오를 만들었다. 이것은 경찰의 출동을 개선할 뿐만 아니라 우리 모두에게 피해자를 돕는 단합된 행동을 계속 취하도록 용기를 준다."

_맬리슨 니커슨, 집행부 이사, 라이브 온 뉴욕

42. 노인 학대 비디오

NYPD는 노인학대의 특징과 징후, 피해자 지원 방법을 경찰관들에게 교육시키기 위해 뉴욕시의 기관 및 몇몇 비영리 기관과 검사 등 관련된 기관[3]들과 협력하고 있다.

---

3 관련된 기관들: 뉴욕시 노인국, 뉴욕시 성인 보호업무부, 맨해튼 검찰청, 브루클린 검찰청, 건강한 노인을 위한 부룩데일 센터, 케어링 카인드, 시니어 시티즌을 위한 커뮤니티 기관, 노인을 위한 카터 버든 센터, 엔코 커뮤니티 봉사센터, 고령자를 위한 유대인 협회, 라이브온 뉴욕, 고령자를 위한 자조 프로젝트, 뉴욕시 노인 학대 센터, 노인 사법정의를 위한 와인버그 센터 그리고 워먼카인드.

③ 접근성 강화하기

NYPD와 접촉한 피해자들의 경험은 매우 전문적이고, 유용하며, 유익한 정보이다. 경찰청은 지난 4년간 시민들에게 보다 많은 정보를 주기 위해 노력해 왔다. 이 정보들은 시민들이 경찰 서비스에 접근하는 것을 막는 장애물을 제거하고, 범죄 신고를 격려하는 역할을 하고 있다.

43. '전화하세요'

2018년 NYPD는 '전화하세요'라는 문구의 멀티미디어 캠페인을 전개했다. 이 광고는 성추행의 어떤 피해자라도 성범죄를 신고토록 용기를 주는 광고다. 이 캠페인은 SNS, 지하철, 버스, 택시 지붕에서 몇 개월 동안 지속되었다.

44. 소환 수준의 출석 영장 무효화하기

NYPD는 시민들이 범죄 신고를 제때 하도록 독려하기 위해 뉴욕주의 법원 행정부서와 협력하고 있다. 이는 범죄의 피해자 또는 부상당한 사람들을 대상으로 발부된 출석영장에 대해 경찰관들이 요청하는 경우 법원이 영장의 효력을 무효화함으로써, 법원이 피해자들이 법원에 출석할 수 있는 새로운 기일을 정하는 새로운 제도이다.

45. 범죄 피해자 웹사이트

NYPD의 웹사이트는 완전히 새롭게 바뀌었으며 현재 한 페이지 내에서 범죄 피해자를 위해 정보를 종합적으로 제공하고 있다.

46. 언어의 접근성

NYPD의 모든 경찰관들은 통역 전용 전화번호를 통해 180개 언어의 통역이 가능한 스마트폰을 지급받아 사용하고 있다. 원클릭으로 두 개의 전화번호를 통한 서비스를 제공받는다. 하나는 가정폭력을 신고를 위한 전화번호이며, 다른 하나는 가정폭력을 제외한 모든 범죄의 신고를 위한 전화번호이다.

> "뉴욕시의 다양성은 경찰관들과 우리가 근무하는 지역사회 사이의 언어 장벽을 만들 수 있다. 통역 전용 전화번호는 통역이 가장 필요할 때 효과적인 소통을 가능케 해준다.
>
> _테렌스 모나한, 총괄국장

47. 통역 카드

NYPD는 '누구든지 통역을 요청할 수 있다'는 내용의 카드를 개발해 배포하였다. 뉴욕시에서 가장 많이 사용되는 10개의 언어(스페인어, 중국어, 러시아어, 타이티어, 벵갈어, 프랑스어, 이탈리아어, 한국어, 아라비아어, 폴란드어)로 번역된 이 카드는 다른 정부 기관들과 비영리 단체와 종교 지도자를 통해 뉴욕시 전역에 배포되었다.

⋮

> "태어난 나라가 어느 나라인지와 상관없이, 모든 범죄 피해자들은 도움을 받을 자격이 있다. 이민 피해자에게 정보와 도움을 제공하는 것은 우리의 업무를 명예롭게 한다."
>
> _밀란 칸, 경위, 이민자 지원팀

48. 이민자 지원팀

이민자 중 범죄 피해자를 위해 특별히 만들어진 자료들이 현재 새로운 이민자 지원팀에 의해 개최되는 지원 행사에서 배포된다.

49. 이중 언어의 능통

NYPD에는 이중 언어 사용자로 자신을 밝힌 많은 경찰관들이 있다. 특정 환경에서 이중 언어의 능통함은 매우 중요하다. 2014년 이후 경찰청에는 전문적인 기관으로부터 대면 통역 능력이 있음을 인증받은 경찰관들이 증가하고 있다.

50. 말하기와 듣기에 장애가 있는 사람들을 위한 소통 카드

NYPD는 '청각 장애 정의 연합회', '렉싱톤 학교와 청각 장애 센터', '할렘 독립 생활 센터', 시장실의 '장애인을 위한 부서' 등과 파트너십을 맺고 경찰관과 청각 장애인간의 소통을 원활하게 하는 도구를 개발하였다. 이 소통카드는 차량 충돌이 발생했을 때 피해 자에게 그리고 차량이 멈추는 구간에서 사용한다.

51. 수어 통역

청각 장애인들과의 보다 원활한 소통을 위해 몇몇 경찰서의 경찰관들이 사용하는 스마트폰에서 원격 화상 통역을 이용할 수 있다. 그리고 경찰청은 뉴욕시 전역에서 사용할 수 있도록 확대하고 있다. 개인 간의 대면 통역을 선호한다면 통역사가 범죄 현장에 배치될 수 있다. 미리 계획된 행사에는 NYPD는 개인 간 대면 수어 통역 서비스를 제공하기 위해 도시전역에서 언어 서비스를 제공하는 기관의 연락처 정보를 준비하고 있다.

52. 청각장애인을 위한 지원팀

청각장애인 커뮤니티는 그들을 안전하게 하는 많은 기관에 관한 정보에 접근하는 데 특별한 어려움을 겪고 있다. 이러한 틈을 메우기 위해 NYPD는 거의 700여 명의 커뮤니티 구성원들을 위한 2개의 지원 행사를 개최한다. 이 행사에게 구성원들이 접근 가능한 형태로 관련 정보를 제공한다. 거의 30개의 다른 기관과 단체들이 이 행사에 참여한다.

53. 장애인 탑승 서비스

뉴욕시 교통국은 최근 장애를 갖고 있는 범죄 피해자와 민원인과 목격자들에게 보다
신속한 교통수단을 제공할 것을 동의했다. 교통국은 '엑세스 어 라이드' 제도를 매일 24
시간 제공하며, 사전 예약을 요구하지 않는다.

54. 전동 휠체어와 전동 스쿠터 이동 제공

응급의료국(Emergency Service Unit, ESU)은 현재 경찰청의 차량의 후미에 부착 가능한
캐리어들을 보유하고 있다. 이 캐리어들은 전동 휠체어와 스쿠터를 경찰관서, 법원, 병원
으로 이동시킬 수 있다. 이들 이동수단들은 다양한 이동능력을 개인에게 제공함으로써
그들이 필요한 의료 서비스를 제공받을 수 있다.

55. 고령자를 위한 범죄 예방

경찰청의 새로운 책자는 고령자들이 범죄와 노인을 대상으로 한 사기로부터 자신들
을 어떻게 보호할 수 있는지를 설명한다. 이 책자는 개별 지역의 고령자를 위한 각종 서
비스를 제공하는 기관의 연락 정보와 일반적인 안전 요령을 제공한다.

56. '정확한 법원' 안내 게시판

경찰관들이 피해자들을 잘못된 관할 법원으로 안내하는 것으로 인해 피해자 보호관들이 겪는 애로사항을 해소하기 위해 경찰청은 모든 법원이 제공하는 개별적인 피해자 지원내용을 안내하는 경찰청 홍보 게시판을 운영하고 있다.

57. 지하철 안전 비디오

경찰청은 지하철에서 발생한 성범죄 비디오 2건을 소셜 미디어에서 공유했다. 이 비디오들은 시민들의 신고를 활성화하기 위해, 여성 경찰관이 지하철에서 성추행 당한 후 범인을 체포한 사실에 관한 개인 이야기를 포함하고 있다.

58. 지하철 안전 교육

지하철국 경찰관들은 시민들에게 지하철을 안전하게 이용하는 방법과 신고하는 방법, 피해자가 어디에서 도움을 받을 수 있는지에 관해 홍보한다.

59. 법원의 보호명령권 신청

현재 성범죄와 2~3급 성적 학대 범죄로 인해 체포된 피의자들은 법원에 강제로 출석한다. 이 제도로 인해 성범죄 피해자들이 재판 초기에 법원으로부터 피해자 보호 명령을 받을 수 있게 되었다. 이 제도가 시행되기 전에는 체포된 성범죄자들이 재판 초기에 종종 석방되고, 법원 출석 명령서만 수령하였다. 이로 인해 성범죄자의 석방 후 몇 주 후에 법원의 피해자 보호명령이 나오는 경우가 있었다.

60. 소셜 미디어 공개

NYPD는 현재 소셜 미디어 플랫폼인 트위터, 페이스북, 인스타그램, 유튜브 등을 사용하고 있다. 이는 뉴욕시민들의 참여를 유도하고, 범죄 신고를 유도하고, 시민들의 관심사를 방송하기 위한 것이다.

61. 대중 인식 캠페인

NYPD는 매월 개최하는 다양한 대중 인식 개선 캠페인에 적극적으로 참여한다. 예컨대 1월의 스토킹 범죄, 2월의 인신매매 범죄, 4월의 성폭행 범죄, 10월의 가정폭력 범죄 등이다. 4월에는 경찰청은 성폭력 범죄의 인지도를 높이기 위해 데님 데이를 지정하여 지킨다. 10월에는 경찰청은 경찰청 본부 청사 외벽 전체에 보라색 조명을 비춰 가정폭력 강조의 달임을 알린다. NYPD는 이러한 캠페인들을 소셜 미디어를 통해 홍보하여 피해자들이 신고할 수 있도록 격려한다.

62. 경찰청의 자동화된 양식

자동차 충돌의 운전자, 의료적 지원이 필요한 사람 등이 자주 사용하는 경찰청 양식은 경찰청의 스마트폰으로 작성된다. 이 새로운 시스템은 NYPD의 데이터 수집 절차를 개선하고 사람의 실수를 억제한다. 이 양식들은 한 번 입력하면 이후의 절차에 사용되는 양식에는 자동으로 미리 입력되기 때문에 범죄 피해자나 목격자들이 동일한 질문에 대해 반복해서 답변할 필요가 없다.

63. 가정폭력 사건 보고 시스템

새로운 가정폭력 사건 보고 시스템은 매년 20만 건 이상의 가정폭력 사건 보고서 처리를 간소화하였다. 현재 가정 폭력 사건 보고서의 서식 중 일정 부분은 경찰관의 스마트폰으로 작성할 수 있으며 현장에서 즉시 업로드 할 수 있고, 경찰청의 대응을 간소화시킨다. 현재 경찰관들은 부상 부위나 재물의 손괴에 대해 그들의 스마트폰으로 촬영 후 그 사진을 보고서에 간편하게 첨부할 수 있다.

64. 자동화된 범죄 경력 조회 절차

매년 뉴욕주의 범죄 피해자 지원국은 거의 5,000개의 요청서를 경찰청에 보내 피해자들이 신청하는 보상과 관련한 범죄를 확인하고 있다. 뉴욕주 정부의 이러한 요청은 시간이 많이 소모되고, 비효율적이며, 범죄 피해자에게 범죄 피해자 보상금 지급을 현저하게 지연시키는 요인이 되고 있다. 현재 뉴욕주 범죄 피해자 지원국은 경찰청의 전용 이메일 주소로 피해자 범죄 확인을 신청하고 있으며, 경찰청은 전자 편집 시스템을 이용해 필요한 보고서를 신속히 제공하고 있다. 그동안 수 주가 걸렸던 관련 정보의 제공은 현재 단지 몇 분만에 이루어지며 이는 범죄 피해자들이 이처럼 보다 신속하게 보상을 받을 수 있다는 의미이다.

> "뉴욕주의 피해자 지원국의 NYPD에 대한 정보 요청과 수신하는 방법을 효율화하기 위해 테크놀로지를 이용하는 것은 피해자 지원국이 범죄 피해자들에게 더욱 효율적이고 신속하고 피해자 보상을 지원받도록 돕는 것이다."
>
> _엘리자베스 크로닌, 국장, 뉴욕주 범죄 피해자 지원국

65. 범죄 발생 증명/물품 분실 또는 도난 신청서

범죄 피해자들은 종종 그들의 보험금 또는 보상금 신청을 위해 신청서를 작성하는 것이 필요하다. 그동안은 범죄를 신고했거나 물품 분실을 신고한 사람은 상기 범죄 발생이나 물품 분실 또는 도난 사실에 대해 경찰서의 확인 서류를 받기 위해 그들 지역의 경찰서를 직접 방문하는 것이 필요했다. 그러나 현재는 이러한 확인서는 범죄 피해자 또는 그들의 유효한 대리인이 단지 뉴욕시의 시티페이 웹사이트를 방문하기만 하면 얻을 수 있다.

66. 재산과 증거의 추적

경찰청 물품 보관소에 있는 물품에 관해, 범죄 피해자를 포함한 관련 시민들에 대한 법적 통지는 영어과 스페인어 두 언어로 제공된다.

67. 차량 충돌 보고 체계

뉴욕시에서 차량 충돌과 관련된 사람들이 그들에 관한 경찰청 보고서에 접근할 수 있도록 NYPD는 웹 사이트를 기반으로 하는 '차량 충돌 보고 시스템'을 만들어 운영하고 있다.

68. 물품 회수

　범죄 피해자와 그들의 가족은 경찰청의 물품보관소에 미리 전화하여 그들의 물품을 돌려받을 수 있는지 확인할 수 있다. 범죄 피해자들과 그들의 가족들은 그 후에 자신들의 물품을 돌려받기 위해 창구에 방문할 수 있다. 대부분의 물품보관소들은 피해자와 가족들이 그들의 물품을 확인할 수 있는 별도의 독립된 공간을 만들어 운영하고 있다.

④ 투명성과 책임감 극대화하기

　5만 5천 명의 제복 경찰관과 시민 근무자들이 연간 800만 건이 넘는 신고전화를 처리한다는 면에서 NYPD는 미국에서 가장 규모가 크며 복잡한 경찰청이다. NYPD의 방대한 조직과 시민 사이의 신뢰를 구축하는 것을 지속하는 것은 투명성과 책임성을 증가시키기 위한 가능한 모든 노력이 요구된다. 이러한 노력은 시민, 특히 범죄 피해자가 경찰청의 정보를 더 많이 얻도록 하며, 경찰청의 업무를 더 많이 이해하도록 도우며, 형사 사법 절차에 참가하는 방법을 알 수 있도록 해준다.

69. 구역 회의 만들기

　소규모이고 지역사회를 기반으로 한 구역 회의에서 '이웃 조정 경찰관'은 사람들을 초청하여 그 지역을 보다 안전하게 하기 위한 그들의 아이디어를 논의한다. 이들 회의는 범죄 피해자를 포함한 지역사회 구성원들에게 그들이 필요한 것을 말할 수 있는 기회를 제공하는 역할을 한다.

⋮

　"이러한 회의는 우리에게 보다 친근한 환경에서 지역 주민들을 만날 수 있는 기회를 제공한다. 참석자들은 지역사회에서 일어나고 있는 일들에 관한 그들의 관심사항에 대해 이야기하고, 경찰관들은 나타난 문제점들을 해결하기 위해 일해야 한다. 경찰관들은 다음 회의에서 그들이 무엇을 완수했고, 무엇을 완수하지 못했는지 대답해야 한다는 것을 인식하고 있다."

_데이빗 스트롬, NCO 경사, 제103 경찰서

:

"경찰청은 범죄 피해자로서의 이민자를 위한 비자인 U 비자와 T 비자의 증명을 강화하기 위한 중요한 파트너였다. 경찰청은 경찰청의 수사를 돕고 있는 뉴요커들을 위해 명확하고 투명한 절차를 만들었다. 이는 범죄를 해결하고 범죄자들을 사법정의의 심판대 앞에 세우는 역할을 했다. U 비자와 T 비자의 증명 신청이 2014년 이후 연간 2배가 되었다. 이는 NYPD가 이민자들의 신분과 관계없이 뉴요커들을 위해 훌륭한 업무를 수행하고 있다는 증거이다."

_비타 모스토피, 국장, 시장실의 이민업무국

70. U 비이민자 신분 프로그램

U 비이민자 신분 프로그램("U" Non‑Immigrant Status Program, U Visa)4은 정신적 또는 신체적 고통을 겪고 있으며, 사법당국의 수사에 도움을 주는 범죄 피해자를 위한 것이다. 최근 경찰청은 절차가 너무 느리고 복잡해 이해하기 어려운 절차를 보다 신속하고 투명하게 만들었다. 현재 NYPD 내 'U 비자신청 관련 전담 증명 부서'가 있으며 이 부서는 초기 신청과 불복 신청을 검토하고 결정하며 관련 절차를 안내한다. 이 부서는 NYPD 웹사이트에서 확인할 수 있다. 경찰청은 신청서의 신속한 검토를 위해 초기 신청과 불복 신청을 검토하고 증명서를 발부한다. 이런 변화 전에는 요청의 38%가 승인되었다. 2017년 초기 신청의 52%가 승인되었으며, 불복 신청의 33%가 승인되었다. 초기 신청은 현재 30~60일 이내에 절차가 완료되며, 종전 6개월의 소요와 비교된다.

71. 연방 T 비이민자 신분 프로그램

연방 T 비이민자 신분 프로그램("T" Non‑Immigrant Status Program, T Visa)은 현재 인신매매의 심각한 피해를 입고, 수사 중이거나 기소 중인 법집행기관을 돕는 자를 보호한다. 경찰청은 검토 절차를 집중화하고, T 비자 전담 부서로서 풍속 사범 단속 부서를 지정하여 검토 절차를 표준화하였으며, 경찰청 웹사이트에서 전체 절차를 설명하고 있다.

---

4 미국 내 더 이상 체류자격이 없는 불법입국자 또는 단기 여행자가 미국 내에서 범죄의 피해자가 된 경우 증언 등 수사에 협조하는 경우 미국 내 체류자격(비자)을 부여하는 제도.

72. 살인 피의자 유가족과의 소통

새로운 규정은 살인 사건 담당 형사에게 다음과 같은 의무를 부과하고 있다. 즉 담당 형사는 유가족들에게 담당 형사와 접촉을 유지할 유가족 1명을 지정하도록 요구하며, 최초 월간, 6개월 후 분기별로 정기적인 정보를 유가족에게 제공하고, 유가족의 안부를 확인하도록 의무화했다.

73. 살인사건 유가족 지원 모임 참석하기

NYPD 구역(보로우)의 수사 지휘부는 살인사건 유가족 지원 모임에 참석한다. 그곳에서 이들은 형사 사법 절차를 설명하며, 유가족의 관심사를 청취하고, 질문에 답변한다. 이러한 상호 교류는 경찰청이 유가족들이 사랑하는 사람들을 존중하고 있으며, 그들의 사건을 잊지 않고 있음을 유가족들에게 강조하는 것이다.

"엄청난 슬픔을 경험한 살인사건의 유가족들에게 형사사법절차는 감당하기에 너무나 커다란 장벽이다. 우리가 NYPD와 함께 사랑하는 사람의 사망으로 인한 트라우마와 싸우고 있는 유가족들에게 애정과 지원을 제공할 수 있기 때문에 NYPD와의 협력은 매우 중요하다."

_빌마 토레스, 협력 운영 책임자, 살인사건 유가족 지원 모임, 브롱스 가족 사법 센터, 세이프 호라이즌

74. 컴스탯 2.0

NYPD의 웹사이트는 컴스탯 2.0과 연결되어 있다. 컴스탯 2.0은 범죄가 어디서 일어나는지를 표시하고 있으며, 범죄 통계를 시민들에게 제공하고 있다. 이 새로운 기술은 정부의 투명성을 증가시킬 뿐만 아니라 범죄 피해자들이 자신들의 경험을 보다 큰 범주 안에서 이해하려 할 때 도움이 된다.

75. 트래픽 스탯

컴스탯 2.0과 비슷한 개념으로, NYPD는 트래픽 스탯을 만들었다. 이것은 일반 시민들과 자동차 충돌 피해자들에게 교통 및 충돌 보고서에 있는 정보들을 제공하기 위한 인터넷 포털이다. 모든 정보는 검색 가능한 형식으로 제공되며 매주 새로운 정보로 갱신된다.

76. 감찰국 지휘 센터

감찰국 지휘 센터는 범죄 피해자와의 소통에 관한 새로운 절차를 개발했다. 감찰국 지휘 센터는 현재 범죄 피해자들에게 그들의 전담 수사 형사의 연락정보를 제공하며, 이로 인해 범죄 피해자와 전담 수사 형사간의 대면 접촉 횟수를 증가시켰다. 그들은 감찰국 지휘센터를 통해 접수된 외부 기관에 대한 민원인을 위해 관련 정보를 제공한다. 또한 이메일이나 방문을 통해 관련 비디오를 접수한다.

77. 경찰청 옹호관 사무실

경찰청 옹호관 사무실은 경찰청 근무자들의 비위에 관해 모든 행정 소송의 기소권자로서 근무한다. 옹호관 사무실은 피해자들에게 그들의 권리와 이용할 수 있는 서비스에 관해 소개하는 서류를 제공한다. 이 부서는 신체적 혹은 기타의 장애를 갖고 있는 사람들과 교통수단이 없는 사람들에게 교통수단을 제공한다. 경찰청 옹호관 사무실은 대기실을 새롭게 단장하여 보다 편안한 분위기를 제공하고 있다.

78. 경찰 비리 보고서

과거 감찰국은 감찰 결과를 민원인에게 알려주지 않고 사건을 종결했다. 감찰국은 이제 정책을 변경했으며 어떤 수사 결과든지 모든 민원인에게 우편으로 알린다.

"우리는 시민들이 새로운 방법으로 범죄를 이해하길 원하며, 시민들이 정보를 얻기 원한다. 컴스탯 2.0은 보다 많은 의미있는 논의를 가능하게 한다."

_제시카 티쉬, 국장, 정보화 기술국

79. 911 지령요원 모니터링

경찰청은 강력한 모니터링 프로그램을 만들어 911 접수요원들의 소통 기술을 평가하고 있다. 감독자들은 매일 전화를 모니터하여 상호 소통을 평가하며 정해진 절차를 철저히 이행하는지를 평가한다. 모니터링은 911에 전화한 범죄 피해자들이 친절하게 응대받는 것과 그들이 제공한 정보들이 합당하게 전달되는 것을 강화한다.

⋮

"911로 전화한 사람들의 경험에 주의를 기울이는 것은 절대 필요하다. 우리는 취약한 순간에 있는 사람들에게 건설적으로 반응하기 위해 우리가 할 수 있는 모든 것을 하길 원한다. 이들 전화를 체계적으로 모니터하는 것은 우리의 업무의 질을 최상으로 만들기 위한 하나의 방법이다."

_리차드 나폴리타노, 부 책임자, 커뮤니케이션부

⋮

"우리는 같은 목표를 향해 일하고 있다. '티모니 리뷰(Timoney Review)' 절차는 피해자를 위해 일하는 사람들의 다양한 관점을 보강한다."

_더못 쉬아, 형사국장

80. 티모니 성 범죄 사건 검토

일 년에 두 번씩 5개 기관 소속 피해자 보호관들은 200개의 종결된 사건들을 3일간 재검토한다. 이를 통해 NYPD는 수사를 개선하기 위해 건설적인 피드백을 얻으며, 피해자 보호관들은 성폭력 사건의 수사가 어떻게 진행되는지에 대한 보다 깊은 이해를 하게 된다.

81. 차량 충돌 피해자 아웃리치(현장 진출 면담)

교통국은 차량 충돌 피해자의 가족을 지원하는 7명으로 구성된 전담팀이 있다. 게다가 차량충돌 수사팀은 피해자 가족에게 알려야 할 모든 정보를 제공하도록 특별히 훈련받았다. 차량 충돌 수사팀은 수사기간 동안 피해자 가족과 소통하며 사건을 종결하기에 앞서 피해자 가족들과 수사결과를 공유한다.

82. 교도소 강간 척결법

NYPD는 수감 중인 사람들에게 범해지는 성적 학대와 성 폭력에 관한 규정을 개선했다. 새로운 행정 명령은 보고 의무를 상세히 규정하고 있으며, 경찰청의 무관용 정책을 재강조했다.

5 협력 강화하기

범죄 피해자를 보다 잘 돕기 위해 경찰청은 모든 가능한 자원을 활용한다. 여기에는 다른 정부기관들과 비영리 단체들과 종교 지도자들과 교육기관들의 자원을 포함한다. 가능할 때마다 우리는 다른 단체의 자원과 그들의 식견과 전문지식으로부터 도움을 받아야 한다.

---

83. 피해자 보호관들과의 분기별 회의

NYPD는 현재 분기마다 피해자 보호관들과 회의를 한다. 보호관들은 그들의 궁금한 사항을 질문하며, 관심사에 대해 이야기하며, 그들의 의견을 제시하며, 경찰청이 새롭게 시행하는 계획에 대한 그들의 의견을 제공한다. 회의에 참석하는 30개 기관들은 모든 종류의 범죄 피해자에 대해 함께 협력하며 지원한다.

⋮

"훈련의 주된 장점은 선입견 없이 귀를 기울이는 방법을 알려주는 것이다."

_샨텔 매키니스, 경찰관, 제94경찰서

84. 명상 훈련

명상훈련은 갈등 해결과 청취, 소통기술을 강조한다. 그것은 일반적으로 경찰관의 수행능력을 개선할 수 있으며 특히 범죄 피해자에 대한 경찰관의 대응능력을 개선할 수 있다. 지난 3년이 넘는 동안 '뉴욕 피스 인스티튜트'는 750명 이상 '이웃 조정 경찰관'들을 훈련시켰다.

85. 피해자 보호관 박람회

NYPD는 피해자 지원 단체들의 구성원들을 그들의 파트너인 NYPD 경찰관들에게 소개하고, 범죄 피해자들이 이용할 서비스를 수행하는 경찰관들을 교육시키기 위해 가정 폭력 경찰관, 이웃 조정 경찰관, 지역 업무국 경찰관, 청소년 담당 경찰관, 범죄 예방 경찰관과 39개의 피해자 지원 기관의 직원들을 함께 모은다. 경찰청의 최초의 범죄 피해자 홍호관 박람회에서 900명 이상의 요원들이 100명 이상의 피해자 보호관들을 만날 수 있었다.

86. 쉐리프국의 가정법원 보호 명령 수행

뉴욕시 쉐리프국은 충분한 자원을 갖고 있으며 법원의 보호명령과 관련한 다양한 업무를 수행한다. 최근 NYPD와 쉐리프국과 가정 법원은 쉐리프국이 보호에 관한 가정법원의 방대한 명령을 집행하기로 합의했다. 이러한 변화로 인해 쉐리프국이 수행하는 법원의 명령은 3배가 증가하였다. 즉 2015년 한 해 동안 5,561건이던 것이 현재는 일 년에 거의 16,600건을 수행하였다.

87. 경찰 중재 파트너십

뉴욕시내의 5개의 지역사회 분쟁 해결 센터는 NYPD와 파트너십을 맺고 이웃 간, 방 공동사용자 간, 공동 사업자 간, 지역상인 간 문제를 해결하고 있다. 경찰관들은 중재로 해결 가능한 분쟁들은 조정센터로 넘긴다. 이로써 경찰관들은 시민 자원봉사자들이 수행하는 중재 서비스를 제공하게 되고 분쟁이 더 악화되기 전에 해결한다.

88. 노인을 위한 서비스

성인 보호 서비스 단체와 뉴욕시의 고령자국과 함께 하는 협력을 개선하기 위해 NYPD는 위의 두 기관과 소통에 관한 절차를 개선했다. 그리고 사건에 관한 질문과 요구와 범죄 보고서를 만드는 과정에 상호 기관들의 역할을 명확히 했다.

89. 노인 학대 연락관

경찰청은 모든 경찰서와 공공 주택국 산하 경찰서에 가정 폭력을 담당하는 경사급 팀장을 지정한 후 노인 학대 사건에 관해 경찰청과 다른 기관 또는 조직 사이의 소통을 원활히 하는 임무를 수행하도록 하고 있다.

"협력은 복잡한 학대 사건을 수사하고 개입하는 데 필수적이다. '성인 보호 서비스 프로그램'과 경찰청이 학대를 처리한다는 공통의 목표를 위해 정보를 공유할 때, 우리는 취약한 노인들을 위한 보다 나은 안전 지킴이가 될 수 있다."

_드보라 홀트-나이트, 국장, 부 책임자, 성인 보호 서비스 프로그램,
인력 자원 행정국

90. 다양한 신앙의 도시 뉴욕 경찰활동

뉴욕의 다종교 센터는 NYPD와 함께 신임 경찰관을 위한 20분 분량의 훈련 비디오를 만들었다. 이 비디오에서 지역의 종교 지도자들은 경찰관들이 범죄 피해자에게 출동하거나 시민들을 만날 때 경찰관들이 접하게 될 종교적인 행동과 그들의 전통에 대해 설명하고 있다. 경찰청은 '다종교 포럼'을 조직하여 수 백 명의 종교 지도자들이 비디오에 출연하여 공공의 안전을 증진하기 위한 자신들의 노력을 설명하고, 경찰관들이 범죄 피해자들을 보다 잘 응대할 수 있는 방법에 대해 조언하는 기회를 제공했다.

⋮

"심각한 정신 질환을 갖고 있는 사람들 중에서 폭력 범죄의 피해자가 되는 비율은 일반인의 비율보다 4배 이상 높다. 발달 장애를 갖고 있는 사람들 사이에서의 피해자화의 비율은 더욱 높다. 분명하게 위기에 개입하는 훈련은 정신 건강의 위기를 겪고 있는 사람들에 대한 경찰청의 대응에 유익할 뿐만 아니라 보다 많은 범죄 피해자를 대응하는 경찰청에게 유익하다."

_테리 토비, 부국장, 협력 업무

91. 위기 개입 훈련

뉴욕시의 '건강과 정신 위생국'과 함께 경찰청은 위기 개입 훈련과정을 운영한다. 이는 모든 현장의 제복 경찰관을 위한 것이다. 경찰청의 교관과 뉴욕시의 '건강과 정신 위생국'의 임상의가 공동으로 경찰관들에게 행동 건강상의 장애로 인해 위기를 겪고 있는 사람들을 어떻게 도울지에 대해 가르치고 있다. 강의와 실제상황을 대비한 시나리오에 기초한 훈련이 4일간 진행되며 이는 경찰관들에게 정상과 다른 행동 건강상의 문제를 보다 잘 발견할 수 있는 능력을 배양시킨다. 행동 건강상 문제가 있는 사람들은 범죄 피해자와 매우 유사하다. 이 훈련은 범죄 피해자와의 소통을 강화할 뿐만 아니라 행동 건강상 심각한 위기를 겪고 있는 사람들과의 소통을 강화한다.

92. 특수 피해자부를 위한 피해자 보호 훈련

피해자 보호관의 역할을 보다 잘 이해하기 위해 특수 피해자부의 형사들은 새로운 강간 위기 보호관들에게 제공하는 훈련을 받는다. 전체 40시간의 훈련과정은 '마운트 사이나이' 병원에서 운영하는 성폭력과 폭행 개입 프로그램과 '베스 이스라엘' 병원에서 운영하는 '범죄 피해자 치료 센터'와 '노스 센트럴 브롱스 자코비' 병원에 의해 진행된다.

93. 청각 장애자 훈련 비디오

청각 장애 정의 연합회와 공동으로 NYPD는 비디오를 제작했는데 이 비디오는 경찰청 근무자들에게 청각장애를 갖고 있는 사람들과 효과적으로 업무를 수행하기 위한 방법을 알려주기 위한 것이다.

94. 자원 안내

문제 해결을 성공적으로 수행하기 위해, 경찰청은 자원안내 책자를 만들었다. 경찰청은 경찰관들이 범죄 피해자를 돕는 데 사용할 수 있는 정보를 포함해 뉴욕시 전역에 분포되어 있는 자원들을 소개하는 책자를 만들었다. 이는 이웃 조정 경찰관들이 지역 활동에 활용하기 위한 책자이다.

95. 대학에서 발생하는 성폭력 신고 포스터 경진 대회

NYPD와 뉴욕시 경찰재단이 매년 열리는 뉴욕시 대학의 대학생들을 위한 포스터 경진대회를 지원하다. 100개가 넘는 대학들의 학생들이 대학 캠퍼스에서 발생하는 성폭력 사건을 경찰에 신고하도록 격려하는 포스터를 제작하는 것이다. 우승한 포스터들은 대학 캠퍼스 내와 NYPD 건물들과 뉴욕시 전역에 전시된다.

⋮

"전국적으로 파트너에 의해 살해된 여성들 중 50% 이상이 살해되기 전에 스토킹을 당했다는 것을 경찰에 신고했다. '스토킹 방지 합동 프로그램'은 경찰관과 검찰이 스토킹 범죄를 인지하고, 수사하고, 기소하는 데 도움이 되는 효과적인 모델이 된다는 것이 증명되었다. 우리는 우리의 성공적인 협력이 계속되기를 희망한다."

_세실 노엘, 책임자, 시장실의 '가정폭력과 성을 기반으로 한 폭력을 끝내기' 부서

96. 스토킹 방지를 위한 협력적 접근(Coordinated Approach to Preventing Stalking, CAPS) 프로그램

CAPS는 가까운 파트너의 스토킹 사례에 대한 인식과 신고를 증가시키도록 고안되었다. 이 프로그램은 스토킹 범죄자의 체포와 기소를 강화한다. 또한 피해자들을 중요한 기관에 연계한다. CAPS는 뉴욕시 시장실의 '가정 폭력과 성과 관련된 폭력을 끝내기' 부서의 계획으로서 NYPD와 뉴욕시 검찰청과 합동으로 시작되었다. CAPS의 한 부분으로서, NYPD 경찰관과 검사, 지역사회 파트너들이 훈련을 받았다. 이 훈련은 뉴욕시의 스토킹 범죄의 실태를 이해하고, 스토킹 범죄의 행위와 스토킹의 기술을 파악하고, 위험을 평가하고, 안전계획을 수립하고, 피해자와 함께 스토킹의 증거를 수집하고, 고소장을 작성하기 위함이다.

97. 지역 대학과의 범죄 신고 합의

뉴욕주는 모든 대학에 MOU급의 협정문을 작성하여 폭력적인 중범죄와 납치에 대해 해당 지역의 법 집행 기관에 신고하도록 요구하고 있다. NYPD는 동 MOU 동의서에 언어 교육 기관을 포함한 지역의 모든 교육기관들이 NYPD에 범죄를 신고하는 것의 중요성을 강조하였으며, 학교가 학생들이 경찰에 범죄를 신고하는 것을 막는다면 이는 MOU 위반임을 명시하였다.

98. 법원의 보호명령에 대한 학교의 준수사항

NYPD는 뉴욕시 교육국과 협력하여 같은 학교에 가해학생과 피해학생 두 학생 사이에 법원의 보호 명령이 있을 경우 학교가 지켜야 할 준수사항을 만들었다. 준수사항은 두 학생이 만나야 하는 장소를 특정하였으며, 안전을 위한 전학 또는 비자발적인 전학이 필요한지 또는 두 학생들이 같은 학교에 남아 있어야 하는지에 따라 절차와 계획을 만들도록 하고 있다.

99. 우버(UBER)

NYPD의 권장으로 '우버(택시)' 회사는 근무조건을 변경하여 피해자들은 추행 고소나 성폭행 고소에 대해 합의 중재를 요구받지 않는다는 서약을 하였다. 우버는 피해자 등 관련자들에게 회사와의 법률 소송의 합의에 대한 비밀을 더 이상 요구하지 않으며, 안전 투명성을 제공하기로 하였다. 이러한 조치는 그들의 영업활동을 하는 동안 발생하는 성폭력 범죄의 보다 확실한 진상 공개가 가능하다. 우버가 그들의 정책을 변경한 후 리프트 회사(우버와 유사한 택시회사)도 그들의 정책을 역시 변경하였다.

100. 뉴욕시의 총기 사용중지와 피해자 지원

뉴욕시의 '총기 사용 중지'(NYC Cease Fire) 프로그램은 범죄단체가 개입된 폭력사건을 처리하는 다중 협의체 전략이다. 이것은 총기 사건의 피해자 또는 총기 관련 범죄에 개입될 가능성이 높은 사람들과의 직접적인 소통에 개입한다. 이 전략의 한 축은 도움이 필요한 범죄 조직과 조직원, 갱들 중 누구나 뉴욕시의 지원을 받는 제도이다. 피해자 지원에는 고용과 교육지원은 물론 트라우마 치료와 피해자 보상과 이주 지원 등이 포함된다.

101. 한 수 위의 성 소수자(LGBTQ)

경찰청은 기업체, 야간 업소들과 함께 '한 수 위의 성 소수자' 캠페인을 시작했다. 이 캠페인은 한 달간 지속되며 성 소수자 사회를 위해 고안된 범죄 예방 전략에 관한 인지도를 높이는 활동이다. '당신이 차를 얻어 탈 때 자부심을 가져라', '당신의 파트너와 있을 때 자부심을 가져라'와 같은 안전 팁이다. 이 같은 문구는 주의를 기울이며 머무르고, 현명하게 여행하며, 안전하게 데이트하는 것의 중요성을 강조한다.

⋮

"우리는 피해자들이 우리가 그들과 함께 여기에 있다는 것을 알기를 원한다. 범죄자들에게 책임을 지우고 피해자들을 안전하게 지키기 위해 우리가 할 수 있는 모든 일을 하는 것은 우리의 의무이다. 우리는 그들이 겪은 트라우마로부터 회복되기를 원하며 그들의 일상의 삶을 회복하기를 바란다."

_수산 허만, 국장, 협력업무국

뉴욕 경찰의 구조와 정책

초판발행	2019년 6월 25일
지은이	뉴욕시 경찰청
옮긴이	윤후의
펴낸이	안종만·안상준
편 집	강민정
기획/마케팅	오치웅
표지디자인	이미연
제 작	우인도·고철민
펴낸곳	(주) 박영사
	서울특별시 종로구 새문안로3길 36, 1601
	등록 1959. 3. 11. 제300-1959-1호(倫)
전 화	02)733-6771
f a x	02)736-4818
e-mail	pys@pybook.co.kr
homepage	www.pybook.co.kr
ISBN	979-11-303-0792-3 93350

* 잘못된 책은 바꿔드립니다. 본서의 무단복제행위를 금합니다.
* 저자와 협의하여 인지첩부를 생략합니다.

정 가   14,000원